NI YIDING YAO ZHIDAO DE SHEJIAO LIYI

你一定要知道的社交礼仪

瀚文 编著

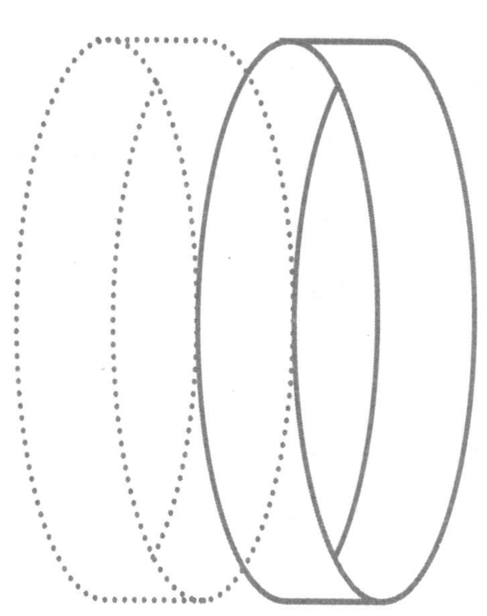

中国纺织出版社

内 容 提 要

人无礼不生，事无礼不成。不懂应酬礼仪，就难以在社会上立足，更难以在错综复杂的职场、社交场上取得胜利。

本书共分为十四个部分，从着装仪态、举止谈吐，再到职场、宴请、拜访、馈赠……全面并详尽地介绍了应酬礼仪的诸多细节以及不同场合应酬礼仪的特点。内容丰富、例证鲜活，能让读者快速学以致用，做到在人际交往中彬彬有礼，大受欢迎！

图书在版编目（CIP）数据

你一定要知道的社交礼仪 / 瀚文编著.—北京：中国纺织出版社，2018.4（2024.7重印）

ISBN 978-7-5180-4667-6

Ⅰ.①你… Ⅱ.①瀚… Ⅲ.①社交礼仪—通俗读物 Ⅳ.①C912-49

中国版本图书馆CIP数据核字（2018）第018077号

责任编辑：闫 星 特约编辑：王佳新 责任印制：储志伟

中国纺织出版社出版发行

地址：北京市朝阳区百子湾东里A407号楼 邮政编码：100124

销售电话：010—67004422 传真：010—87155801

http：//www.c-textilep.com

E-mail：faxing@c-textilep.com

中国纺织出版社天猫旗舰店

官方微博http：//weibo.com/2119887771

德富泰（唐山）印务有限公司印刷 各地新华书店经销

2018年4月第1版 2024年7月第6次印刷

开本：710×1000 1/16 印张：13

字数：210千字 定价：59.80元

前 言

在日常生活中常常会看到：有些人虽然心地善良、淳朴忠厚，然而人缘却并不好，不仅不受大家的欢迎，甚至有时候还遭别人的厌恶，社交办事磕磕绊绊，处处都不顺利；有些人虽然骨子里自私自利、锱铢必较，人缘却不错，有时还颇受大家的好评和欢迎，社交办事一路畅通，处处顺利，究其原因，与是否掌握和运用交际应酬的礼仪和技巧有很大的关系。

说起应酬，人们总觉得有一定的功利目的掺杂其中，只是纯粹的利益关系，并不是真心实意地结交。家庭的琐事、繁忙的工作，已经使人疲惫不堪，再强打起精神进行人际交往、应酬客户，无奈和痛苦就会扑面而来，但是，与朋友和客户的情谊却是你成功道路上的最关键的一个因素。

时至今日，应酬已被越来越多的成功人士所接受和运用，已经成为一门学问和艺术。人生路上，决定成败的不仅仅是你的才华，社交应酬更是不容忽视。因此，你要不断锻炼提升自己社交应酬的能力，做好应酬中的每一个细节，打造良好的个人形象，发挥自身的人格魅力。

那些在应酬中有礼有节、落落大方的人，得体的礼仪为他们的事业铺平了道路，帮他们在酒桌上轻松谈妥生意，助他们在社交中结交“贵人”……可以说，掌握了应酬礼仪，能让你在职场上游刃有余、光彩夺目，在生活中关系和谐、办事顺心。

那么，什么是应酬礼仪呢？

所谓应酬礼仪，就是在人际交往和商务活动中体现出的相互尊重的行为准则，以一定的、约定俗成的程序方式来表现的律己敬人的过程。

良好的礼仪能够让人们融洽地相处，建立起相互尊重的关系，在人际交往中是不可或缺的。同样，如果你想在人际交往、商务活动中做到与人进行高效率沟通的话，就必须要遵守应酬方面的礼仪。

一个懂得应酬礼仪的人，在人情世故的处理上必定能够合乎情理，不逾规矩，这样自然能够获得他人的好感，从而建立起和谐融洽的人际关系，促进事业的发展。而一个不懂得运用礼仪的人，不懂礼节的人，过于随意、过于自我的人，在生活中则会处处掣肘，举步维艰，难以做到来去自如，游刃有余。

一个人的礼仪能够体现一个人的素质和修养，也能够体现出你所在企业的形象。如果懂得应酬礼仪，恰到好处地运用应酬礼仪，不论走到哪里，出席哪种商务场合，都能够做到有礼、有节、有范，从而获得他人的尊重和认可。同时，这也是双方进行有效的沟通合作的保障，并最终影响到社会交往和商务活动的成败。

本书专门针对社交、商务交往频繁人士，总结出最常用到的一些应酬礼仪，并进行详细的讲解，从着装礼仪、谈吐礼仪到迎送礼仪、出行礼仪再到拜访礼仪、仪式礼仪等，可以说涵盖了社交中的各个方面，能够有效地指导读者进行礼仪的学习，从而帮助你提升自己的职业形象，提高个人素质，提升在商务活动中的工作效率。

当然，应酬礼仪说简单也简单，说难也难。说其简单，是因为它并没有什么难以理解的复杂晦涩的理论，只是一些需要遵守的规则和注意的问题。而说其难，则是因为，想要良好地运用应酬礼仪，就需要你在日常的生活工作中养成良好的习惯，不断地以应酬礼仪中的规定去要求自己注重细节、身体力行。通过长时间坚持不懈地练习，在你身上，才可以逐渐散发出礼仪自然而强大的魅力来。

最后，祝愿所有读者都能够熟练地掌握应酬礼仪，使自己的人际交往大放异彩，在工作中更上一层楼。

编著者

目 录

第一章　人无礼不立，事无礼不成
——无处不在的应酬礼仪

应酬礼仪，指的就是人们在人际交往中要遵从的礼仪规范，是在人际交往中通过约定俗成的习惯和方式来表示尊重对方的一种过程和手段。应酬礼仪是交际活动的“润滑剂”，能够有效促进双方的沟通交流，使社交活动更顺利展开，同时也能为双方的精诚合作奠定良好的基础。

应酬礼仪决定商务活动的成败

中国历来是一个礼仪之邦，在我国的社会政治文化生活中，礼仪占有很重要的位置。它是在人类历史发展的过程中逐步积累和沉淀下来的一种文化。礼仪不仅能够体现出一个人的素养、魅力和风度，同时还能体现个人的学识和价值观。圣人孔子非常注重“礼”的作用，并且对其弟子严格要求，他曾经对他的儿子孔鲤说过，“不学礼，无以立”，可见其对礼仪的重视。

在当代社会，礼仪是人立身处世的根本，是人际关系的“润滑剂”，是一种看不见的“软实力”。从个人修养的角度而言，礼仪能够体现出一个人的内在修养和素质；从交往的角度而言，礼仪是人际交往中必备的一种艺术。

在人际交往和商务应酬中，礼仪是必不可少的。当今时代，全球经济一体化的进程日渐加快，商业竞争日趋激烈，商务活动也日益频繁。在商务往来中，商务人员的仪表、谈吐和体态不仅体现着个人的内在素养，同时也代表着公司的形象。个人礼仪修养的高低，往往会影响到商务活动的成败。因此，商务人员必须时刻注重塑造个人形象，并掌握全面的应酬礼仪知识，了解礼仪规范，以期展开良好的商务活动。一个人在进行商务活动的时候，如果能够保持良好的应酬礼仪，谈吐优雅，举止得体，从外在的着装到内在的气质都能让对方感觉舒服的话，不仅能够给对方留下良好的第一印象，展示商务人员良好的修养和优雅的气质，同时也能更好地和交往对象拉近关系，缩小距离，有利于商务活动的进一步展开。在普通的人际交往中，即使礼仪有所不当，也不至于造成严重的后果。但是，如果商务人员没有具备良好的礼仪修养，不仅有损个人的形象，严重者甚至会对公司产生很大的影响。

某国内医疗器械厂与一家美国客商达成了引进“大输液管生产线”的协议，合作进展地非常顺利，马上就要签订合作协议。然而，该厂厂长一些不文明的举止让美国的客商打了退堂鼓。原来，当该厂厂长陪同外商参观车间的时候，习惯性地向墙角吐了一口痰，然后用脚在地上来回地擦。外商看到了这一幕后，开始犹豫不决。后来，外商通过翻译给那位厂长写了一封信：“恕我直言，一个厂长的卫生习惯可以反映一个工厂的管理素质。何况，我们今后要生产的是用来治病的输液皮管。贵国有句谚语：‘人命关天！’请原谅我们的放弃合作……”就这样，一项基本上就要达成合作的项目，因为一口痰而告吹了。

从这个案例中我们就能看出，应酬礼仪中一些不起眼的细节会影响商务活动的成败。所以说，应酬礼仪在商务活动中有着极为重要的作用，无论何时，都要注意自己的交往礼仪，即使一些微小的细节也不能够忽略。

从现代商业发展的历史和趋势中，我们能够看出，凡是成功的企业，能够在激烈的市场竞争中站稳脚跟并脱颖而出的一个重要的因素就是它们具备良好的应酬礼仪，并能够成功地运用在商业仪式、商业推销、商务谈判等各个方面，最终在社会中树立了良好的企业形象，赢得了消费者的信任和赞美。由此可见，应酬礼仪在商务活动中的作用是不可忽视的。

对于一个商务人员而言，必须要具备以下应酬礼仪：在商务场合中的仪容和着装礼仪，人际交往中的电话礼仪、会面礼仪、来宾现场接待礼仪、餐饮礼仪、谈话礼仪和礼品礼仪，商务活动中的位次排列礼仪及涉外应酬礼仪。商务人员只有具备这些应酬礼仪的素养，才能够在商务活动中如鱼得水，为公司赢得更好的合作机会，创造更高的效益，从而在这个竞争异常激烈的社会中获得良好的生存和发展。

应酬礼仪保证有效沟通

在人际交往中，掌握必备的应酬礼仪能够促进有效的沟通。由于每个人的知识结构、认知能力、世界观、价值观有差异，所以在思想、观点、态度和立场上也会有所不同。对于在交往中面临的共同问题，由于上述原因的存在，双方可能会有不同的看法和认识，也可能会因为观点的迥异而造成商务交流上的障碍，甚至会产生误解，影响交流双方的情绪，使沟通难以进行，最终影响目标的达成，从而造成不必要的损失。而应酬礼仪的相关规范能够帮助你提高沟通技巧，使你在沟通的过程中能够更准确、更得体地向沟通对象表达自己的想法和观点，让沟通氛围更为融洽、和谐，从而使人际交往能够获得成功。

此外，应酬礼仪还有助你了解交际对象的习俗，避免在交往的过程中出现触犯对方禁忌的尴尬局面。例如，与日本商界人士来往时，首先要先弄清楚交往的直接对象，然后递上名片，找到合适的机会进行交谈，不要指望一见面就开门见山地商谈业务问题。而且当日本人说“是”时，不代表他们同意了，而是说明他们明白了你的意思。当日本人拒绝他人时，往往不会直接说“不”字，而是会婉转地用“我得想一想”来表达。与西方商界人士交往时，不要过分地追问他们的经历，而且在约定会谈时间之前，不可贸然前往。在西方人的礼仪中，不经预约就直接登门拜访是一件失礼的事情。一般而言，在拜访一个公司或者是商人之前，应当提前几天通知对方，届时提前几分钟到达。如果不了解这些应酬礼仪，就会造成不必要的麻烦，为双方的沟通制造障碍。所以，学习应酬礼仪，了解不同国家、不同地区、不同民族的风俗和礼仪，对人际交往、商务活动的成功起着很大的作用。

一般来说，在人际交往中，具备以下技巧能够大幅提高沟通的效率。

1. 掌握不同的语言表达技巧

在人际交往中，商务人员应当做到“到什么山头唱什么歌”。由于全球经济融合加快，世界各地的交往日益增多，不同行业之间的交流也越来越频繁，商务人员应当学会和不同行业、不同地区的人打交道的技巧。比如，一般从事外事工作的人在语言表达上都有一个特点，那就是从不鲜明地表达自己的立场，而是比较中庸，模棱两可，谁也不得罪。

2. 对不同的对象采用不同的沟通措施

商务沟通是否有效，不仅要看你是否准确清晰地表达了自己的观点，还要注意根据不同的对象采用不同的表达方式。如果同谈吐文雅、涵养有度的人交流，应当在话语中多增加一些文采；在和工农代表交谈时，要注意用通俗易懂的语言，以拉近距离。此外，在商务沟通的过程中，语速的快慢、声音的大小往往也会对沟通产生影响。在和不同年龄的人进行沟通时，要注意使用合适的语速及音量。一般而言，跟老年人进行沟通时，语速应较慢，声音应适当，如果声音太小，对方可能听不清，声音过大又会对自己的形象造成影响；而与年轻人交谈时应当干脆利落。

3. 使用称呼时多用尊称

在人际交往中，一定要注意称呼的使用，原则上是用尊称。例如，在介绍某位教授时说：“这是××大学的××老师。”因此，有人际交往经验的人在介绍他人时都会使用尊称，这就是我们常说的“就高不就低”的原则。

4. 入乡随俗

一般情况下，初次见面时或许会习惯性地问对方是哪里人，比如当

你在广东时，可以问：“你是广东人还是香港人？”但是在香港时，就应该问：“你是香港人还是广东人？”这表明了你对当地人的尊重。另外，拜访其他公司时，切忌说主人的东西不好，所谓“客不责主”就是这个道理。

5. 定位自己的身份

很多人在人际交往中出现问题，往往在于没能正确地对自己的身份做出定位。所谓定位身份，就是说在交往的过程中，下级要像下级，上级要像上级，同事要像同事，客户要像客户。只有先对自己的身份做出正确的定位，才能够采取有效的沟通方式。

6. 勿以自我为中心

在人际交往过程中，切记不能以自我为中心，而是应当时刻为对方着想。比如，当你请客户吃饭的时候，应当询问客户的喜好，看他爱吃什么，不爱吃什么，不能依据自己的口味而不经客人的同意就直接订餐。事事以对方为中心，替对方着想，能够让对方有一种被尊重的感觉，从而有利于沟通的有效进行。

应酬礼仪要避免不必要的纠纷

在人际交往中，如果你不注重应酬礼仪，大大咧咧，一味地我行我素，不重视自己的仪表、谈吐，不顾及对方的感受，很可能会让对方从心理上产生排斥，从而造成人际交往中的紧张和沟通上的麻烦，甚至会产生不必要的纠纷，从而影响交际活动的顺利进行。但是，如果能够具备良好的应酬礼仪，处处做得合理、得体的话，就能够避免一些不必要的麻烦和纠纷。所以说，应酬礼仪是人际交往中的“润滑剂”，它能够促进双方的关系，加深双方的感情，从而建立友好合作的关系，避免不必要的纠纷及障碍。

人际交往中的双方大都是通过语言进行交流的，如果不小心在语言上冒犯了对方或者出了差错，就可能会对合作产生不利影响。所以一定要注意自己的言行举止，学会讲话的技巧，收敛锋芒，不可因为逞一时口舌之快而使双方的感情造成裂痕，避免破坏自己的形象，更不要给对方留下恶劣的印象。在交流过程中应当秉持中立的态度，不轻易地对事物加以褒贬，这样才是两全之策。

2000年10月，美国正进行总统大选，当时我国一位知名教授赴洛杉矶进行访问。刚下飞机就被蜂拥而来的记者围了个水泄不通，其中有个记者问道：“请问×教授，你认为这次美国总统大选中谁会获胜？”在这种场合下，是不能轻易地表达自己的观点的，因为那是官方活动，如果该教授顺着记者的思路回答谁将会在大选中获胜，一旦回答错误的话，就会让自己陷入尴尬的境地。于是，他略加思考，抬起头回答：“首先，我要感谢各位记者对我们的关注，此外，我相信美国人民是受过良好教育的人民，美国人民是强调独立自主的一个民族，这次美国总统大选美国人民一定会做出符合自己意愿的选择，而且我相信不管谁当选美国总统都会促进中美关系的可持续发展。谢谢。”这种打太极式的回答让该教授避免了出现尴尬的场面。

当然，这并不是说你在表达自己的观点时都要模棱两可，闪烁其词，而是应当视场合、问题而定。在表述自己的产品及合作意向时，一定要内容清晰，观点鲜明，立场坚定，这样才会让对方产生信任感，而不会让其听得一头雾水。

总之，为了人际交往的顺利展开，避免出现不必要的纠纷，应当从各个方面严格要求自己，仪表、仪态、礼节都应当做到面面俱到，让对方产生好感。

1. 仪表

头发：长不长？乱不乱？是不是太过油亮？

眼睛：眼睛是心灵的窗口，这扇心灵的窗户是否炯炯有神？

胡子：刮干净了吗？

手：指甲是否干净？是否修剪了？

外套：是否有头皮屑或者是其他脏东西？

裤子：是否笔挺？

衬衫：领子、袖口干净吗？

领带：与衣服相配吗？是否歪斜？

袜子：每天更换吗？脱鞋后有异味吗？

鞋：擦得光可鉴人吗？是否与衣服相配？

手帕或纸巾：是否干净？是否随身携带？

2. 仪态

精神饱满，面带温和、亲切的微笑，眼睛正视顾客。只有真诚地喜欢客户，才能发自内心地微笑，否则只能是干笑、奸笑、皮笑肉不笑，让顾客害怕。

情绪稳定：与家人吵架之后最好不要立即去拜访顾客。

坐姿、站姿：落座时不要大大咧咧，伸展四肢或跷起二郎腿。

走姿：走路时应挺直腰杆，身体略向前倾，迈步有节奏。

3. 礼节

自我介绍：最好是先递名片再介绍，介绍简单扼要，职务头衔就不用说了，顶多重复一下自己的名字，名片要一见面时递给对方而不是离开时才给，介绍别人要先将下级或晚辈介绍给上级或长辈。

握手时：如果是女性，别人不是很有意愿时一般以点头微笑表示。

名片：递、接名片用双手，并要道谢；名片不能随意更改，如电话号码等。

称呼：对客户的称呼一定要合乎身份，不要太夸张。

吃饭时：在宴席上要尊重对方的生活习惯，不得强行劝酒。

五不问：不问收入问题、不问年纪大小、不问婚姻家庭、不问健康状态、不问个人经历。

观察环境：在没有放烟灰缸或标明禁烟的房间，绝对不要犯规抽烟。

一视同仁的对待所有人：要注意对周围人礼貌，即使是小人物，也可能影响顾客的决策。

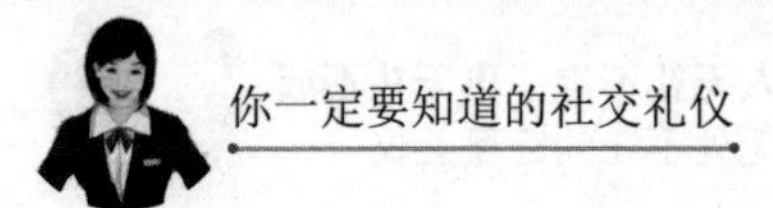

应酬礼仪全面促进企业的进步

随着竞争的加剧，越来越多的企业开始注重应酬礼仪，通过培养员工这方面的礼仪，能够全面促进企业的发展，提高企业的竞争力。具体来说，应酬礼仪对企业有以下三个方面的作用：

1. 提升企业形象

个人有个人的形象，企业也有企业的形象。个人的形象是通过自身的言行举止表现给大众的，企业形象则是通过企业的文化、产品和服务体现出来的。一个人形象的好坏，会影响他的人际关系、交往人群及个人前途，而一个企业的形象则会影响到企业的市场竞争力、企业消费群体的大小、企业在行业中的口碑及企业自身的发展前景。如今，随着社会的发展和文明化进程的加快，无论是个人还是企业，都更加注重自身的形象。在当今的市场竞争中，产品和服务的重复性越来越严重，这就使得企业之间的竞争更加倾向于企业形象之间的竞争。“雁过留声，人过留名”，企业形象在消费者心目中的好坏同样会影响他们购买时的选择，同样的产品，往往形象更好的企业会获得更多的消费者，占有更多的市场份额。

国际零售巨头沃尔玛就是通过塑造员工礼仪来提升企业形象的一个典型例子。沃尔玛的创始人沃尔沃先生在初创沃尔玛时就非常重视员工在工作中的礼仪，在他看来，只有良好的礼仪才能够赢得客户的信赖，才能获得更高的客户评价。所以，该企业在员工礼仪方面下了一番工夫，如今，应酬礼仪已经成了企业文化的一部分。走进沃尔玛的客户都能感受到一种友善的服务态度，感觉自己才是这里的主人。员工们都彬彬有礼，并能够提供无微不至的服务，这大大提高了沃尔玛在客户心中的形象，这也是沃尔玛成功的秘诀之一。

2. 提升企业内部的凝聚力

对于一个企业而言，内部的凝聚力是企业发展的前提和保障，只有内部组织关系相处融洽，团结一心，企业才能够形成一种巨大的向心力，使员工为企业的发展共同努力。相反，假如企业内部如同一盘散沙，员工之间勾心斗角，下级与上级关系紧张，就会严重影响企业正常的生产经营活动，更谈不上外在的竞争力。而良好的应酬礼仪是改善企业内部员工关系的调和剂。企业只有提高员工的整体素质，让员工在思想上达到一致认同，在行为上保持共同的方向，创造和谐的内部氛围，才能够提升企业的凝聚力，增强企业的竞争力。

3. 加强服务质量，提高经济效益

在当今社会，能否提高产品和服务的质量，是企业生存和发展的关键。能够提供良好服务的企业，能获得消费者的青睐；而提供良好服务的企业，其员工都有着良好的应酬礼仪。通过培养员工的应酬礼仪，可以让员工在内心树立一种道德信仰，让其自觉地规范自己的行为，不断提高自我约束、自我克制的能力，这样一来，服务质量自然也会得到大幅度的提高，从而赢得消费者的好感。因此，企业应当提高员工在应酬礼仪方面的修养，通过提高员工的应酬礼仪，来提升员工的整体素质，从而为消费者提供更优质的服务，反过来也能促进自身经济效益的提高。另外，员工的应酬礼仪可以体现企业自身的形象，能够获得合作伙伴的信任和好感，从而促进企业的发展，让企业在激烈的竞争中脱颖而出，不断提高经济效益。

仪表决定个人的前途与发展

所谓仪表，包括人的面容、服饰、姿态及个人风度等，是一个人综合素质的体现。大方优雅的仪表能够使人产生自信，在与人交往的过程中，以积极、上进的心态和超强的亲和力赢得他人的青睐。可以说，一个人的仪表关系着个人的前途与发展。我们可以想象一下，为什么在企业中有的人能够做到高管，而有些人只能做底层的员工呢，一个原因可能是工作能力的问题，但也有另外一个很重要的原因，那就是仪表的问题。凡是成功的人，都极为重视自己的仪表，他们风度翩翩，谈吐儒雅，举止自然，与之交往让人如饮醇醪，沉醉其中，这种人自然能够得到众人的拥戴与爱护。而不重视个人仪表的人，给人的第一印象就会让别人感到不适，再加上谈吐不当，很可能会招致他人的厌恶，对于自己的人际关系也会产生恶

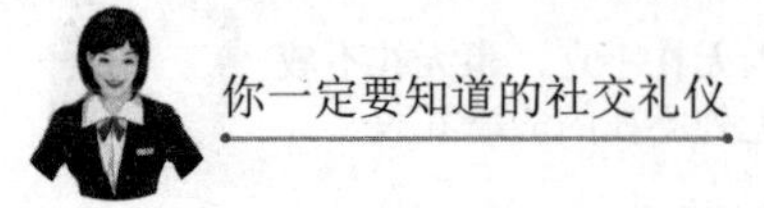

劣的影响，从而影响到自己的发展和前途。

对于个人而言，仪表关系到一个人形象的好坏。在人际交往中，别人对你的第一印象是极其重要的，心理学上有一种“七秒钟效应”，就是说，初次见面的人，一般会在七秒钟之内确定你在他心中的印象。所以，在人际交往中一定要重视自己的仪表，因为它体现出了你的素质和品位，也反映了你的精神风貌和心理状态，别人可能会通过你的穿着、语言、行为举止及气质风度来判断你到底是一个什么样的人。如果参与商务活动的双方是初次见面，那么他们对你的印象完全凭的是第一感觉，你自身仪表的好坏不仅会影响到别人对你的判断，也会影响到你们今后的合作程度。如果你的言行举止欠妥，或是服饰凌乱，不修边幅，就会给他人造成恶劣的印象，从而不利于进一步拓展业务。

日本的著名企业家松下幸之助一次去银座的一家理发馆理发。由于平时业务繁忙，日夜操劳，他显得异常疲惫，精神不振。理发师看到他憔悴的形象之后，满怀诚意地对他说：“你丝毫不重视自己的形象，就好像你把你的产品弄脏了一样。作为公司的代表，一个人连他自身的形象都不重视，他又怎么能做出好的产品来呢？产品又怎么能够打开销路呢？”松下幸之助一时无言以对，但是，他把理发师的规劝牢牢地记在了心里，以后不论在什么场合，不管在什么时间，他都非常重视自己的仪容仪表。

虽说仪表是一个人通过外在传达给人的感觉，但是它反映的却是一个人的内在素质，好的、令人感到舒服的仪表，会让人的内心充满积极向上的力量与热情。而通过差的仪表，我们能够看得出，这个人起码对自己不够负责，他的内心也必定是散漫消极的，一个对自己尚且不能负责的人，又怎能做好身外之事呢？

或许有人会说：“圣人被褐怀玉。”但这只是他们不重视个人仪表的一个借口罢了。我们试想一下，你才高八斗，满腹经纶，但是打扮的像一个叫花子，穿得破破烂烂，头发凌乱，身体散发着异味，哪家公司肯要你？所以，一个人的仪表决定了一个人的成败与前途，如果想要成功，想要接近成功人士，就一定要注意修饰自己的仪表。

而要想打造自己的仪表，就要重视以下两条黄金法则：

1. 仪表能够体现一个人的风范

端正的仪表能够体现出一个人的内在素养和个人品位，同时也是尊重交往对象的表现。凡是成功的企业家、成功的商人，无不重视自己的仪表，他们通常或精神抖擞，或洒脱豪爽，或做事干练，身上都有一种特别的风范，这都是通过他们的仪表传达给我们的。

曾经有一位美国行为学家做过这样一个实验：他以不同的仪表出现在同一个场合时，别人对他的反应居然大相径庭。当他身着西装，春风得意地走在陌生人面前时，任何一位陌生人都对他表示出了足够的尊敬与好感，他也颇有风范；而当他把自己装扮成一个流浪汉时，大多数人对他唯恐避之不及，而且冷眼相待，而与他交往的不过是一群无业游民。由此我们可以看出，一个人的仪表对自身形象的塑造是何等重要。

2. 仪表能够体现一个人的内在修养

一个人的仪表能够反映出他个人的素质和修养。仪表端庄的人大都有着良好的修养，因为良好的仪表并不是一天两天就能够塑造的，它是一个人知识、气质与审美趣味的长期沉淀与积累。良好的仪表是建立良好人际关系的通行证，一个人仪表的好坏往往决定事业的成败。仪表端庄的人，能够建立良好的人际关系，和人相处融洽，并能得到他人的信赖与赏识；而一个仪表不端的人，很难得到他人的认可与接纳，得到更多的是他人的鄙弃与不屑，长此下去，就会对自己丧失信心，从而影响个人的前途与发展，甚至会自暴自弃，沉沦到底。

你也可以成为应酬礼仪达人

个人是社会交往的基本参与者，离开了个人，社会交往就无从谈起。随着社会文明程度的加快，人民整体素质的提高，人们对交往礼仪也越来越重视，一个人在交往中留给他人的印象会影响他人对你的评价，一个有着良好礼仪修养的人，总是能够受到众人的欢迎，往往生活美满，事业有

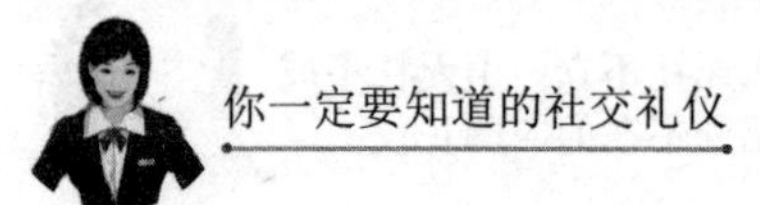

成。所以，在文明社会中做一个礼仪达人对今后的人脉养成及事业发展都有很大的帮助，同时这也是大势所趋。那么，要想做文明社会的礼仪达人，需要从哪几个方面入手呢?

1. 良好的仪容

仪容通常指的是一个人的外观、外貌。虽然我们常说“人不可貌相”，但是，假如有一个美的仪容，总是能够让人赏心悦目，感觉舒服，别人也更喜欢与你接近，这无疑是迈开了人际交往的第一步。社会交往对于个人仪容的要求是仪容美，具体包括以下几个方面：首先，要求仪容自然美。仪容自然美指的是一个人在外貌上有先天优势，天生丽质型的人物大多处于人际交往的中心。其次，仪容修饰美。它指的是根据个人条件，对自己的仪容进行必要的修饰，设计出更为美好的个人形象。最后，仪容内在美。它是指通过自身的沉淀、学习与积累，不断提高个人的艺术文化素养及思想道德水平，而不只是一个中看不中用的“花瓶”。

2. 得体的举止

举止指的是通过外观能够观察到的人的活动、动作，也就是由人的肢体呈现出的各种体态。得体的举止能够展现出人所独有的形体美，一个人的举止也在时刻透露着他对其他人或物的看法和反应，不论是自觉还是不自觉的举止，都能体现出一个人内在的心理活动，举止也是表达个人感情的一种方式，是一种无声的人类语言。《诗·大序》曰：“诗者，志之所之也。在心为志，发言为诗，情动于中而形于言。言之不足，故嗟叹之。嗟叹之不足，故咏歌之。咏歌之不足，不知手之舞之足之蹈之也。”可以说，举止是人类的第二语言，达芬奇曾经说过：“从一个人的举止了解人的内心，辨别人的本来面目，往往具有相当高的准确性与可靠性。”所以，一个人在交往中应当时刻注意自己的举止，不可有出格或令人不适的行为或举动。一般来说，得体的举止包括以下三个方面：首先，要做到举止文明。所谓举止文明，就是指平时举止要自然、大方，不做作，不扭捏，这能够体现出自己良好的内在修养。其次，要做到举止优雅。举止优雅指的是举止要美观，给人一种感觉上的形式美，一举手、一投足、一颦一笑都让人舒适无比。最后，要做到举止敬人。所谓敬人，就是要求从举止上表达出尊重他人、敬爱他人的含有善意的举动。

3. 亲切的表情

法国生理学家科瑞尔曾经说过：“表情能够反应人的心理状态”“脸就像是一台显示器，能够展示我们的感情、欲望等一切内心活动。”思想家狄德罗也说过：“一个人内心的每种活动能通过他的脸表现出来，刻画的异常清晰，异常明显。”他们谈论的都是表情的重要性。现代传播学认为，在人们接受的来自他人的信息之中，只有45%来自有声的语言，而55%以上来自无声的语言，而后者之中又有70%来自表情。人的表情能够传达各种情绪，包括喜悦、哀伤、高兴、愤怒、兴奋、消沉、喜欢、厌恶等。一个表情就能够表达出一个人的心理状态，而在与人交往的时候，表情也能够显示出一个人对其交往对象的喜欢与讨厌。因此，在人际交往中，一定要注意自己的表情，不要将负面的情绪通过表情传达给别人，而是应当以亲切、友善的表情向他人传递积极的情绪。

4. 穿着得当

俗话说：“人靠衣装，佛靠金装。”服饰的选择与搭配显示出了这个人的品位与喜好，一定程度上反映出一个人的性格。爱穿鲜艳衣服的人，性格往往活泼外向；而打扮中规中矩的人，则往往成熟沉稳。意大利影星索菲亚·罗兰也说过：“你身上穿得服装往往能够表明你是哪一类人物，它们代表着你的个性。一个和你会面的人往往会自发地根据你的衣着判断你的为人。”这足以看出服饰对一个人的重要性。莎士比亚也相当看重服装的作用，他说：“服装往往可以表现人格。”在人际交往中，那些穿着适当的人，如同商店里包装精美的商品，让人赏心悦目，心旷神怡，能够产生一种强大的吸引力。得体的穿着既能够体现一个人的修养，折射出一个人的气质，也能够体现对他人的尊敬之情。所以，一个人必须要在服装选择与搭配上下一番工夫，合身的服装、合理的搭配，也是人际交往取得成功的一个重要因素。

5. 适当的佩饰

佩饰也叫饰物，较之于服装，佩饰更具有装饰及美化人体的功能，适当的佩饰能够起到画龙点睛的作用，让人眼前一亮，同时能够吸引他人的注意。佩饰一方面能够体现一个人的知识、教养、学历和品位，另一方面也能够展示自己的身份、地位及财富状况等。所以，选择适当的佩饰也是在交往中不可或缺的元素之一。

第二章　在细节上也要经得起挑剔
——着装中的应酬礼仪

出席各种商务场合，参加各种商务活动，需要给人一个良好的外在印象，而外在印象的好坏很大一部分是通过一个人的着装体现出来的。因此，着装礼仪是人际交往中不容忽视的一个重要环节。

传统的着装方式在改变

服饰有自己的发展史，它是随着时代的改变而改变的。原始社会的人是没有服饰的，他们往往会将树叶或是其他植物披在身上，毫无美感可言。渐渐地，人们开始重视起了服饰美，于是我国有了汉服、唐装、旗袍等特色鲜明、颇具美感的服饰，西方同样也有了西装、燕尾服等风靡世界的服饰。当代的衣服更是花样繁多，令人眼花缭乱。而随着时代的发展，着装方式也发生了变化，如果你穿着汉服或是唐装去应聘或是出席商务谈判的话，往往会闹出笑话，所以，如何选择服饰是人际交往中一件不得不慎重考虑的事情。

有句话说："穿着成功不一定保证你成功，但不成功的穿着保证帮助你失败！"穿着不当，往往是导致人际交往失败的一个重大因素。而当服

饰与穿戴者的身份、年龄、职业及环境、时间协调一致时，就能够让人产生一种特别的气质。

1945年2月11日，苏、美、英三国首脑在雅尔塔签订《雅尔塔协定》。在众多的绿色军装和深色西服中间，斯大林穿了一身洁白的元帅服，犹如“万绿丛中一点红”，极其引人注目。后来，每当人们看到三国首脑签订协议的照片时，最先注意的仍旧是斯大林，正是这身与众不同的白色元帅服让斯大林成为会议上最为引人注目的角色。

在现实生活中，得体美观的服饰能够帮助你成功地塑造一个良好的个人形象，也是帮你打开成功之门的“敲门砖”。所以，是否懂得穿着打扮是一个人懂不懂礼节的重要体现。在人际交往中，应当尽量穿着得体的服饰，使外在美与内在的修养达到和谐完美的统一。

人们选择服饰就是为了要表达美，因此，服装的搭配要遵循审美的原则。如今世界上最为流行的服饰礼仪搭配原则当数西方提出的“TPO原则”，即服饰要适应时间、地点与场合。

1. 时间原则

时间原则指的是根据时间的变化及时代的变迁而选择不同的服饰搭配。它包括两个方面：

（1）依据不同的季节选择不同的服饰。在我国，北方和南方在气候上有较大不同，北方四季分明，而南方如广东、云南等往往四季如春，但是，服饰上依然要遵循冬暖夏凉、春秋适宜的原则。夏季的着装要以轻柔、凉爽为主，体现出一个人的活力与干练。冬季则应以保暖、轻便为主，既要避免臃肿不堪，又要注意保暖防寒；春、秋两季的服装在选择上相对自由一些，可以轻巧灵便为主。

（2）紧跟时代潮流。着装应当与时代保持同步，紧跟时代潮流，既不可太过超前，太过另类，也不能落后于时代，跟不上潮流的步伐。太超前，过于特立独行，让人有不适应感，这种服饰难以融入群体。而过于落后则会给人一种很“土”的感觉，同样得不到大家的认同。

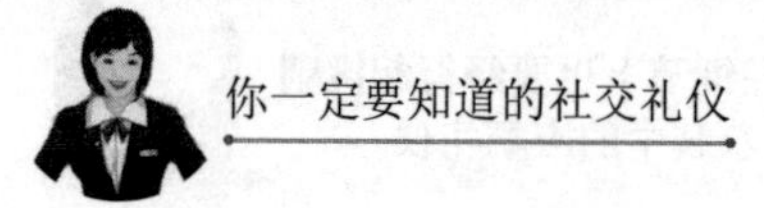

2. 地点原则

地点原则又叫环境原则，指的是应当根据不同的文化背景、民族习俗、地理环境等因素因地制宜地选择着装。例如，和少数民族在一起时，入乡随俗地穿上具有他们民族特色的服装，能够很快地融入其中；走进美轮美奂的高级酒店时，身穿西服，脚蹬皮鞋，就会和场景很相配。但是如果西装革履进入农村茅舍，则会容易让别人觉得你妄自尊大，爱显摆，虚荣浮夸。

3. 场合原则

场合原则指的是服饰的穿着应当与所在场合的氛围相协调。在不同的社交场合，由于气氛的不同，服饰穿戴也要有所变化。所以，人们应当根据特定的场合穿着得体的服饰。如在会议、庆典仪式、正式宴会、商务或外事谈判、会见外宾等场合，在服饰穿戴上应当尽量以庄重和典雅为主；在欢度节日、纪念日、结婚典礼、生日纪念、联欢晚会、舞会等喜庆场合，服饰应色彩鲜艳、明快，款式新颖、时尚，给人一种入流的印象；在办公室则要穿着正统，男士不可穿背心、短裤、拖鞋，女士则不能穿太短、太露的服装；在休闲场所则可以随意搭配，如牛仔服、休闲服、运动服等。

“人靠衣服马靠鞍”，与人交往，如果没有得体的着装，是很难进行顺利沟通的，而只有选择了与当时的时间、地点、场合气氛和谐一致的服装，才能够获得别人最快的认可，达到最佳的效果。

西装的选择与搭配

西装是全球盛行的国际服装，它因造型简约大气、线条简洁流畅、能够轻易地塑造挺拔的身材，而备受人们欢迎，如今西装已经成为商务活动中最流行、最通用的服饰。

1. 穿西装的原则

俗话说：“西装七分在做，三分在穿。”西装能否散发出它的魅力，就在于穿着者是否会穿。一般来说，穿着西装要遵循以下原则：

（1）在正式场合穿着西装时，西装的上下装应当颜色一致，全身颜色不能多于三种。

（2）穿西装必须要配皮鞋，西装和皮鞋都给人以正式的感觉，搭配起来比较协调。假如你穿着一身笔挺的西装和一双旅游鞋，恐怕要贻笑大方了。

（3）着西装外出时，身上三处的颜色必须要协调一致，即皮鞋、腰带、公文包的色彩必须统一起来。

（4）与西装搭配的衬衣颜色必须与西装协调一致，不能是同色。一般来说，白色的衬衣可以搭配各种颜色的西装，而且视觉上都不错。

（5）西装可以分为很多样式：从套件上来说有两件套和三件套之分；从纽扣的数量上而言西装上衣有单排扣和双排扣之分；按照领型的不同，有大驳头、小驳头之分；另外，口袋也有明暗之别。当出席正式场合的时候，最好是穿着上下身同一颜色的深色西装，系领带，穿黑色皮鞋，给人以庄重沉稳的感觉。

（6）西装的另外一个主体部分就是西裤，西裤应当和上装协调统一，以形成整体的和谐感。西裤的长度应当恰好触及鞋面，裤腰的宽窄以系扣后贴入一手掌为宜。裤带的宽度一般在2.5 ~ 3厘米，裤带系好后留有皮带头的长度一般为12厘米左右，过长或过短都会对美感造成影响。

2. 如何穿出得体的西装

穿西装的原则掌握好了还不够，如何把西装穿得得体大方呢？还要注意以下五点。

（1）熨烫平整：熨烫平整、线条笔挺的西装穿在身上显得干练利落，而皱巴巴的西装穿在身上会给人一种邋遢的感觉。所以，要想把西装穿出“范儿”来，除了要定期对西装进行干洗之外，每次穿之前还要熨烫平整，保持其硬朗简练的外观。

（2）去除商标：穿新买来的西装之前，一定要记得将上衣左袖口的商标拆掉。通常情况，在国外买新西装的时候，服务生会帮助你拆掉商标，但是国内很少有这种服务，致使一些人误以为袖子上有商标是名牌的标志，所以在穿西装之前，要记得拆掉商标。

（3）扣好纽扣：不论穿什么衣服都要将纽扣扣好，如果扣错了纽扣，不仅不美观，而且可能成为笑话。尤其是西装，上衣纽扣的扣法极其讲究。

通常情况下，系上衣纽扣的时候，要分情况对待，单排扣西装分一粒扣、两粒扣、三粒扣，甚至四粒扣几种情况。一般而言，单排扣西装纽扣的系法是“扣上不扣下”，就是说最下面的那粒纽扣不用扣。例如，单排两粒扣西装只扣上面的那粒纽扣；三粒扣的话只扣上面两粒；三粒以上的纽扣则是中间的扣上，上下保留。而双排扣西装则要求把能系的扣子统统扣上。

（4）勿卷挽：穿西装时，不可随意卷挽袖口或裤筒，否则不仅容易破坏西装的齐整，而且也显得穿着的人粗俗，不知礼节。

（5）尽量少装东西：穿西装的目的就是给人干净、干练的感觉，如果口袋里装的东西太多，就会显得臃肿不堪，所以要尽量少装东西。通常来说，西装上衣左侧的口袋除了放一块用以装饰的手帕之外，不宜再放其他的东西。总而言之，西装的口袋应当尽量少装或者不装东西，这样能够保持西装在外观上的挺拔。

3. 穿西装的禁忌

穿西装也有些禁忌，具体如下：

（1）忌不熨烫：由于西装面料多种多样，有些面料的西装容易起褶皱，为了保持直挺，穿后要记得熨烫平整。

（2）忌不合身：能否把西装穿出风范来，主要看选择的西装是不是合身。有些男士误以为穿大号、厚垫肩的西装才能衬托出男人的雄风来，其实这是错误的。最重要的是选择合身的西装，这样看起来才体面，人也会精神倍增。

（3）忌穿短袖衬衫：搭配西装的衬衫一定要是长袖的，如果外面穿西装，里面穿短袖衬衫，就会显得有些不伦不类，风格上也不统一。

（4）忌鞋袜搭配不当：穿西装一定要穿皮鞋，颜色要与西装保持一致。另外，袜子最好以单色或是简单的提花为主，并保证西裤、皮鞋和袜子的颜色一致。

男士的三大配件

作为当代社会中的男人，想要显示出自己的品位，穿出时尚，除了要注意衣着搭配之外，起着装饰作用的三大件也是不容忽视的，这三大件是——领带、手表、腰带。

1. 体现男人风格的领带

领带能够体现出男人的风格，是男人最为重视的配件，同时也是男人的至爱。俗话说得好，男人的领带不嫌多，女人的鞋子不嫌多，这足以表现男人对领带的喜爱和重视。很多男士的衣橱里放着各式各样、颜色繁多的领带，然而穿上西装之后，却为如何搭配而烦恼不已。其实只要掌握了领带搭配西装的原则，就可以省去这些不必要的烦恼了。

不要搭配与西装图案同类型的领带。如果西装是格子式的，就不要再搭配格子的领带。如果穿的是暗格子的西装，最好以素色或是条纹的领带做搭配，这样就不会雷同，也至于太死板。如果里面穿得是素色的衬衣，最好配以印花或者是花形图案的领带，这样能够稍微调节一下整体的感觉，活泼而不杂乱。另外，尽量不要配戴以下几种领带：领带上有花哨的图案，印有明星、美女、动物图案的领带，非真丝的合成纺织品、毛料、布料等粗劣的纺织材料所制成的领带，颜色怪异如紫色、土黄色、粉红色、绿色等颜色的领带。另外，在搭配西装的时候，特别要注意的是，垂下的领带尖不应该低于皮带头，但也不要高于它。

2. 彰显男人地位的手表

手表之于男人如同首饰之于女人，手表不只是一个计时工具，它还能彰显男人的品位和地位。一个佩戴名表的男士，必定身份高贵。一般而言，适合男士佩戴的手表分为以下几种：

（1）永不过时的高等品。劳力士、欧米茄等品牌被认为是最能体现男人风度的手表，也是男士最为专业的选择。虽然价格比较昂贵，但是其价值却值得男人做终生投资，而且不会过时。佩戴这样的手表，身份和地位便会一跃而上。

（2）彰显时尚的流行品。佩戴流行的手表能够显示出一个人的时尚

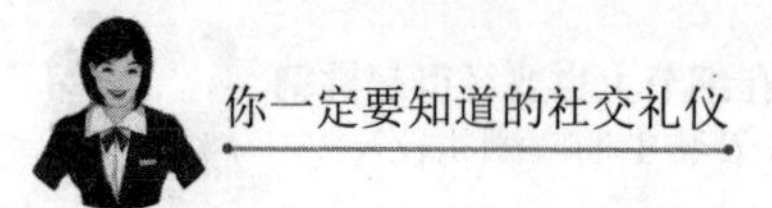

度，如不锈钢和合金的手表，已经流行了很长的时间，虽然价格不贵，但一直受到男士的喜爱，也是时尚的首选，最重要的是，可以拥有多块不同风格的手表来搭配服饰。

（3）体现运动的酷品。运动手表的种类更是繁多，运动表从黑色、电子、塑料的年代发展到现在早已脱胎换骨，功能也越来越完善，如防水表就是个不错的选择。

3. 表明男人身份的腰带

很多商务人士穿着笔挺的西装，系着漂亮的领带，带着名贵的手表，却往往选了一条毫不起眼、粗制滥造的腰带，这无疑会降低他的身份。虽然腰带很小，但是它也关系到一个男人的身份和品位，所以男士不应忽视对腰带的选择。在选择的时候，要注意选择与鞋子在质料和颜色方面一致的腰带。腰带最重要的是质地，它比款式更为重要，所以男士选择腰带的时候，一定要注意观察腰带的质地如何。另外，在选择颜色的时候，不要选颜色亮丽的腰带，那样会形成喧宾夺主的效果，最好不要让腰带太过突出，而应当与整体的色调保持一致。

男士仪容的六种禁忌

自古以来，爱美似乎就是女人的专利，与男性无关。《战国策·赵策一》中就有这么一句话："士为知己者死，女为悦己者容。"我国历来对男人的要求就是要做到刚正不阿，能够出生入死，如若男人追求美，就好像是不务正业。《红楼梦》中贾宝玉也曾说，"男人都是泥做的，女人都是水做的"。古代人都将爱美的天性归给了女人。虽然自古以来，男人不如女人那么爱美，但是随着时代的发展，社会要求的提高，人们对男性的仪容也有了更高的要求。在现代社会交往中，一个不注意自己仪容的男人，衣冠不整、蓬头垢面、邋里邋遢，又怎么能获得他人的好感？所以，当代的男人，为了在交际中获得成功，一定要注意对自己仪容的修饰。那么，对于男士来说，要保持谦谦绅士的形象，要注意哪些问题呢？

1. 身上不要出现异味

由于男人的汗腺比女人发达，更容易出汗，出汗之后，身上便会散发出异味，他人都唯恐避之不及。所以，大汗过后的男人，如果有可能，应当先换上干净的衣服，再去接触人群，要么就注意与他人保持一定的距离，不要让别人闻到身上的异味，还可以在腋下或者胸前等容易出汗的地方抹上一些止汗香剂。喜欢抽烟的男人在与别人交谈时最好不要抽烟，还应注意交谈的时候不要和他人靠得过近，因为身上的烟味实在不好闻，抽烟后，最好能嚼一块口香糖，清新一下口气。不少男人是汗脚，特别爱出汗，容易脚臭，这也是很多女人爱说“臭男人”的原因之一，所以，爱出脚汗的男人应当注意保持鞋子的清洁，常换袜子。

2. 头发、胡须不可过长

作为一名商务人士，应当时常注意头发和胡子的问题。头发不可过长，最好以短发为主，这样体现出一个人做事干练的精神风貌，还要勤于洗头，油腻脏乱的头发对于自身的形象有着非常不利的影响。胡子要常刮，否则容易显得过于沧桑，过于疲惫。

3. 面部不可过于油腻

很多男士属于油性皮肤，面部容易油腻，而且容易生出粉刺，有损个人形象，所以男士要特别注重面部的清洁与保养。可以通过使用洗面奶及吸油面纸等方法解决此问题，每天早晚可各清洁一次，这样既清除了油腻又能保养肌肤。

4. 不要过于修饰

男人虽然应当追求美，但是男人和女人在美的表现上是不同的，男人应当表现阳刚的美，而非阴柔的美。如果男人像女人那样涂脂抹粉，又是描眉又是画眼线，会让人觉得特别不舒服。男人不应该使用味道过浓的香水，也不应当穿着花花绿绿的衣服，语言和动作上要自然大方，显示出男子汉的气度，不可矫揉造作，否则会给人一种娘里娘气的感觉。

5. 衣装不可过于随便

有些男人，不论出席何种场合，穿来穿去永远都是那两套衣服，不重视自己外在的穿着打扮，这容易让人对你产生一种懒散和过于随便的印象。即便服装样式比较单一，但也应注意颜色的搭配，同时加上一些佩

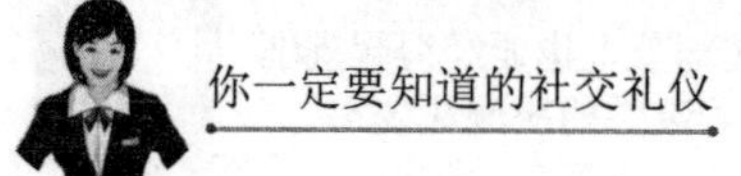

饰，穿出自己的个性。

6. 不可忽视精神面貌

男人形象的好坏与其个人的精神面貌有很大的关系，就算有帅气的面容、时尚得体的衣服，但是整个人精神萎靡、心思散漫、神态不振的话，也会大大地影响个人的形象。因此，男士应当注意自己精神面貌的培养，要保持开朗的胸襟和愉悦的心境，在生活中乐观积极，充满阳光，多一些欢笑和爽朗，少一些忧郁和愁思。

女士套裙穿着的礼仪

套裙是西装套裙的简称，在商务女士中广受欢迎，套裙的特色在于让穿着者看起来极为精明、干练、成熟、职业，也能够突显女性的身材，让人产生一种愉悦的审美感，更能够体现出白领丽人独有的韵味。因此，有人曾经说过："穿着套裙，可以马上让一位职业妇女变得与众不同，并能够恰如其分地显示出其职业性与婉约美。"套裙由两部分组成，上身是女式西装，下身是半截式裙子。另外也有三件套的套裙，即女式西装、半截裙、背心。一般来说，在选择套裙时应当遵循以下原则：

1. 面料的选择

应当选择质地上乘的套裙。西装与半截裙及背心必须是一种面料。且面料要不起毛，不起球，不起皱，匀称平整，光洁润滑，丰厚柔软。选择适当的面料，能够让穿着者看起来更为脱俗、高雅，也更为美观。

2. 色彩的选择

选择黑色、藏青色、灰褐色、灰色和暗红色的套裙。最好以冷色调为主，能够体现出着装者的典雅、庄重、落落大方。还应当与当下的"流行色"保持一定的距离，借以表现自身的传统与持重。套裙的全部色彩不应当超过两种，否则就会显得杂乱无章，缺乏和谐统一感。具体来说，想要选择标准而完美的套裙色彩，不仅要兼顾穿着者的体型、外貌与年龄，还要与穿着者身处的商务场合保持一致。

3. 图案的选择

图案的选择应当以简洁为主，切忌穿着图案杂乱的套裙，更不应以花卉、人物、文字等为主要图案。一般来说，在正式场合穿着的套裙应当没有图案，但是如果穿着者觉得这样太过沉闷和死板的话，可以选择以格子、圆点等简洁造型为主的套裙。

4. 尺寸的选择

应当长短适度、宽窄适中。通常，套裙的上衣最短可以齐腰，而裙子最长则可以达到小腿的中部。切忌露腰露腹，一来不够庄重，破坏了职业感，二来也不够雅观。而在宽窄的选择上，则可以根据自身身材选择紧身式与松身式两种。紧身式上衣的肩部挺拔、平直，腰部收紧，衣长最多达到臀部，套裙整体外观呈倒梯式造型，线条鲜明；松身式上衣的肩部大都任其自然，腰部不收缩，衣长可至大腿，线条自然流畅。

5. 套裙款式的选择

总体来说，套裙的款式大致上可以分为“H”型、“X”型、“A”型和“Y”型四种。

（1）“H”型套裙。上衣宽松，裙子多为筒式。这种套裙给人上下浑然一体的感觉，既可以让着装者体现出优雅、含蓄的气质，同时也能让身材肥胖者扬长避短。

（2）“X”型套裙。上衣紧收，裙子大都是喇叭式。上紧下松的设计能够凸显着装者纤细的腰部，这种套裙轮廓清晰，能够让穿着者看上去纤瘦细长，婀娜多姿。

（3）“A”型套裙。上衣紧收，裙子则为宽松式。这种造型既能够体现着装者上半身的苗条，又能适当地遮掩下半身的劣势，总体造型松紧有致、富有变化。

（4）“Y”型套裙。上衣宽松，裙子多为紧身式。这种套裙的好处在于能够遮掩着装者上半身的不足，同时能够展示其下半身的长处。这种套裙能够让着装者的身材显得更为修长、苗条。

6. 点缀

商务女士的套裙上不宜添加过多的点缀，否则会显得烦琐、杂乱，还会使穿着者有失稳重。总的来说，套裙上的点缀宜少不宜多、宜简不宜繁、宜精不宜糙。

在穿着套裙时，应当注意以下问题：

1. 套裙穿着应当到位

穿着套裙时，必须要按其常规的穿着方法，认真穿戴整齐，注意上衣的领子要完全翻好，衣袋的盖子要拉出来盖住衣袋，不要将上衣披在肩上或者是搭在身上，另外裙子要穿得端端正正，上下需要对齐之处务必对齐。

2. 扣紧衣扣

如果在出席商务活动时，套裙穿着者突然发现自己系错或是漏系了扣子，属于“衣冠不整”的行为，会给人留下不好的印象。按照规矩来说，商务女士在正式场合穿着套裙时，上衣的衣扣必须全部扣上。不应当将上衣部分衣扣解开，更不能当着他人的面将上衣随便脱下来，这些行为都有失白领风范。

3. 不同场合，不同选择

虽然商务女士穿着套裙能够显示出其职业性，给人以洒脱、干练、利落的感觉，但是并不意味着在任何场合都要穿着职业套裙。一般来说，在出席正式的商务场合还有进行涉外人际交往时，应当以套裙出场。但是在出席宴会、舞会、音乐会时，可酌情考虑选择与此类场合相协调的服饰。如果在一些氛围比较轻松、娱乐的场合仍穿着套裙出场的话，会显得格格不入，而且还会与他人产生距离感，不易展示多面的、真实的自我。

4.套裙佩饰的选择

高境界的穿着打扮，讲究的是着装、化妆与佩饰浑然天成，风格统一，所以在穿着套裙时商务女士要有通观全局的眼光。佩戴首饰应遵循的原则是“在精不在多，以少为宜”。佩戴首饰时不可超过三种，每种也不宜多于两件。毕竟套裙属于职业装，所以着装者不应当佩戴与身份不合的珠宝首饰，也不应当佩戴过度夸张的耳环、手链、脚链等。

5.衬衫搭配有讲究

商务女士穿着套裙的时候，衬衫的选择是非常重要的，如果穿着非常高档的套裙，而里面穿了一件档次低下、质量低劣、颜色不当的衬衫，别人就会觉得这人只重外不重内，整体形象就会大打折扣。一般来说，衬衫的选择有以下几个原则：

（1）衬衫的面料要轻薄、柔软、舒适，如可选择真丝、麻纱、绸、涤棉等质料。

（2）衬衫的色彩可以是多种多样的，但要与套装相配，不可穿得过于花哨或颜色过于鲜艳，这样在色彩上容易给人以突兀的感觉。

（3）衬衫应以简洁为主，最好不要有图案。

（4）衬衫下摆要掖在裙腰里面，不能在外悬垂，或者是在腰间打结。

（5）衬衫纽扣要一一系好。除最上端的一粒纽扣按惯例允许不系外，其他纽扣均不得随意解开。

6. 衬裙

穿三件套套裙的时候，对于衬裙的选择也是很重要的。衬裙的色彩不可太过艳丽，要与外面套裙的色彩保持一致，一般来说，衬裙的色彩多为单色，像白色、肉色等。衬裙的款式有三点要求——大小适度、穿着合身、线条简单。而且原则上衬裙上不应当出现任何图案。衬衫下摆应掖入衬裙裙腰与套裙裙腰之间，切不可掖入衬裙裙腰以内。

7. 鞋袜

商务女士穿着衬裙时，要有与之相搭配、相协调的鞋袜，虽说鞋袜不是很起眼，但如果搭配不当，也会破坏整体的协调性。一般而言，传统的皮鞋是最受欢迎的职业用鞋。它们穿着舒适，而且造型简约美观。颜色应当以中性色为主，如黑色、藏青色、暗红色、灰色等，尽量不要穿红色、粉红色、玫瑰红及黄色等颜色过于跳跃的鞋子，另外，不要穿白色的皮鞋，即便是在夏天，穿白色的鞋子也带有社交而非商务的意义。鞋跟的高度以3~4厘米为好，穿着也最舒适。选择袜子时，也有应当遵循的原则。一般女士穿裙子应当配长筒丝袜或是连裤袜，颜色以单色为主，不要穿带图案的袜子，袜子的大小应合适，切记袜口不可露在裙摆的外面。而且最好随身准备一双透明丝袜，以备穿着的袜子拉丝或是跳丝的时候能够及时更换。

饰品佩戴的艺术

饰品也叫饰物、首饰，能够在着装中起到画龙点睛的作用。适当的首饰点缀往往能够让穿着者气质非凡、卓尔不群。在人际交往中，如果商务女士能够合理地选择与佩戴首饰，就能够体现出其超凡脱俗的审美品位和文化修养，做到这些往往可以成为众人瞩目的焦点。

1. 饰品种类

主要有戒指、耳环、项链、手镯或手链等，其佩戴原则如下：

（1）戒指：能够体现佩戴者的优雅。戒指有很多种，一般来说，商界女士佩戴的戒指都是小巧玲珑，更为艺术化的。佩戴戒指时，一般只戴在左手，而且最好只戴一枚，最多两枚。戴两枚戒指时，既可戴在左手两个相连的手指上，也可戴在两只手对应的手指上。手指细长的人，戴两枚戒指会很美观，而手指粗短的人，带一枚戒指足矣。

（2）耳环：是大部分女性的主要首饰，使用率仅次于戒指。佩戴合适的耳环，能够使女人看起来或妩媚动人，或端庄稳重，或仪态万千。在佩戴耳环时，应当根据肤色、脸型、发型选择。如圆形脸不宜佩戴圆形的耳环，可佩戴方形、三角形、水滴形耳环及耳坠，这样能够打破“圆”的形象；而瘦脸型的人则可以佩戴大而圆的耳环以对瘦而窄的脸庞进行修饰；方脸型的人可以佩戴长椭圆形、弦月形、新叶形、单片花瓣形等耳环，这样能够使方形脸庞增加一些曲线美；而瓜子脸的女性则可以佩戴圆形或重坠型耳环。另外，戴眼镜的女士可以佩戴穿耳洞的小耳环，显得更为清新脱俗，但不宜再戴项链或者是胸针之类的饰品。

（3）项链：爱美的女士大都有几条自己极为珍爱的项链。项链能够在一定程度上改善佩戴者的脸型及颈部的轮廓。一般而言，脸长脖子长的女士应当佩戴颗粒大而短的项链，在视觉上可以减少脖子的长度；而脖子短的人最好佩戴颗粒小而长的项链，在感官上能够使脖子显得修长。佩戴项链还应当与自己的年龄相匹配。年纪偏大的女士可以选择质地良好、工艺精美的金银项链；年轻女士则可以选择质地好、颜色润泽、款式新颖的项链。

（4）手镯、手链：一般来说，手镯可以戴一只，也可以戴两只。戴一只时通常都戴在左手手腕上；戴两只时，可以一个手腕戴一只，也可以将两只手镯都戴在左手的手腕上。而手链基本上只戴一条，而且应该戴在左手手腕上。

2. 佩戴原则

很多女士有着琳琅满目的饰品，但是很多时候不知道如何与服装更好地融为一体，因此在佩戴之后不仅不美观，反而使自身的形象大打折扣。一般而言，在佩戴饰品的时候，应当以服装为依据，在风格上保持与服装的协调统一，而且饰品应当简单大方。具体来说，饰品的佩戴应当遵循如下原则：

（1）宜精不宜多。不论在什么场合、什么时间，身上的装饰物通常是越少越好，因为它毕竟只是装饰，是点缀。如果浑身上下珠光宝气、金光灿灿，不仅毫无品位，而且会给人一种庸俗、拜金的感觉。就数量而言，全身佩戴的饰品最好不要超过三件。多于三件，饰品就起不到装饰的效果，反而会使人看起来异常累赘。

（2）搭配协调。女士佩戴饰品的目的是扬长补短，突出优点，掩盖缺点，所以在搭配上要协调。如脖子短而粗的人，不宜戴紧贴着脖子的项链；个子矮的人，不宜戴长围巾，否则会显得更加矮小。饰品的佩戴还要与周围的环境相协调：手臂细长的人可以佩戴多只细线型的手镯；而粗手臂的人则戴一只细窄的手镯更为美观。

（3）戴出个性。在当今这个追求个性的社会，如果不能佩戴出自己的风格，就容易流于大众，难以惹人注目。所以，佩戴饰品的时候要根据自身的特点进行合理的搭配，别人戴起来好看的饰品不一定适合自己。如西方女性嘴唇大，眼窝深，鼻子高，性情开放，适合佩戴大耳环；而东方女性嘴唇小，面部比较平坦，性格含蓄，比较适合佩戴小耳环。因此，女人在选择饰品的时候，既要掌握佩戴的技巧，又要体现出自己的个性，只有这样才能够将饰品与服饰整体相互映衬起来，在交往中塑造出一个完美的形象。

第三章 一举一动直接体现你的素质
——仪态中的应酬礼仪

仪态是人在行为中表现出来的姿势和风度，有一些可能是不经意间流露出来的，但是滴水映日，这些小小的细节往往能够反映出一个人整体的内在素养。因此，商务人士要想提升自身整体形象和素质，就要注意仪态礼仪的培养，举止得体，不在小处失分露怯。

微笑是交往时的见面礼

一个人的素质涵养，不仅仅体现在穿戴上，同时还体现在一颦一笑之中。神情可以传达喜怒哀乐，也能够反映一个人的心理活动与变化，而且它比语言更为直观，更能反映一个人的真实状态。对于一个商务人士来说，神情是极其重要的，人们往往能够从神情处捕捉出你内心的想法，而想要在人际交往中游刃有余，左右逢源，最好的办法就是对他人保持微笑。

美国希尔顿酒店的董事长康纳·希尔顿在工作的50多年里，不断地前往他设立在世界各地的希尔顿饭店考察。考察时，他问员工的最多的问题是："你今天对客人微笑了吗？"可见，他对

微笑是多么地重视。

康纳·希尔顿将微笑作为对顾客最好的见面礼，因为微笑能让人心生愉悦，忘掉烦恼，微笑能够传达善意的信息，是人际交往中的润滑剂，显而易见，微笑是促使希尔顿在人际交往中成功的一个重要因素。日本航空公司在训练空姐时首先培养她们的礼仪就是微笑。所有的学员都要接受严格的、规范的微笑训练，航空公司要求她们时刻在顾客面前保持微笑，以传达航空公司对顾客的友好态度。所以，不管是在人际交往中，还是在商务活动中，我们都应当学会微笑，用微笑与他人接近、沟通。

当然，应该注意的是，微笑一定要由心而发，自然大方，真诚而不做作，因为只有从内心发出的微笑才更有感染力，才能够让人愉悦，让人欢心。而生硬的笑、虚伪的笑、言不由衷的笑及皮笑肉不笑都是不可取的。在日常生活中，我们不能因为身心疲惫或是精神受挫就改变自己的情绪，懒于去微笑，正所谓“一人向隅，满座不乐”。微笑表达了一个人对生活的态度，不仅能够向他人传递愉悦和快乐的信息，同时也能慢慢地改变自己的心态，使自己能够以一个阳光和积极的态度去对待一切。

从礼仪上来说，标准的微笑有如下动作要领：

（1）额肌收缩，眼轮匝肌放松，眉位提高。

（2）两侧颊肌和颧肌收缩，肌肉稍微隆起。

（3）两侧笑肌收缩，并略略向下拉伸，口轮匝肌自然放松。

（4）嘴唇半开半闭，笑时最好不露齿。

笑容分为很多种，包括胁肩谄笑、横眉冷笑、怪笑、狞笑、哈哈大笑等，而这些笑容是不礼貌的，也是不符合礼仪规范的，不管是在商务场合还是其他场合，它们都是不应当出现的，下面就是一些笑的禁忌：

（1）冷笑：是心怀怒意、讽刺、不满、无可奈何、不以为意的笑，这种笑容易让人产生距离和敌意。

（2）假笑：即虚假的，并非发自内心的笑，皮笑肉不笑。

（3）怪笑：不论是从声音还是表情上来说，怪笑都让人有一种怪里怪气的感觉，往往让人悚然惊心。这种笑往往还有恐吓及嘲讽之意，极易让人反感。

（4）狞笑：这种笑容往往面带凶相，一般表示愤怒、威胁、敌意等情绪，这种笑容最不应当出现。

（5）媚笑：讨好别人的笑容，它并不是发自内心的，而是具有一定的目的性和功利性。

（6）窃笑：偷偷地笑，大多表示幸灾乐祸或是洋洋自得。

我国有句俗话，“伸手不打笑脸人”，所以要“逢人面带三分笑”。微笑是友好和善意的表达，也是出于对他人的礼貌的表示。在人际交往中，不管是新客户还老客户，只有以微笑示人，才能够换来对方的热情和真诚。

练就气度不凡的站姿

站姿指的是人们在站立时的姿势与体态，是优美举止的基础。站立是人们在日常的交往中最为常见，也是最为基本的一种举动。对商务人士来说，当你和合作对象初次见面时，双方要站立握手；别人来访时，你要站起来前去迎接；做演讲、作报告时也是站立着的。所以说，如何站？怎样站出优雅和风度？对于商务人士来讲是非常重要的。别人会从站姿中判断出你的个人心态、精神面貌及内在的素养。如果一个商务人士，双手叉腰或是双臂抱在胸前，两手插入裤带或是身体歪三扭四地站立，都会给别人留下恶劣的印象，这都是不良的站姿，而良好的站姿则能够使一个人看上去彬彬有礼、精神奕奕，也能够衬托出一个人绝佳的气质和风度。

通常来说，站姿的基本要求就是要做到“站如松”，尽量让身体的主要部位得到舒展，头要正，不能左顾右盼，脖子要直，不可前伸，两眼平视前方，嘴唇微闭，躯干挺直，收腹，挺胸，提臀，双腿并拢。

在商务活动中，对于商务男女的站姿有着更为具体的要求。

1. 商务男士标准站姿

商务男士在站立时应做到：身姿挺拔，抬头挺胸，面带微笑，下颌略收，双膝并紧，两腿直立，脚跟紧并，脚掌向两侧分开，呈“V”字形，双手自然下垂于身体两侧；也可两脚分开，叉腿站立，但两脚间的距离不可

超过肩宽，双手交叉放于背后，右手置于左手之上。

具体来说，男士站姿有以下几种：

（1）两腿并拢，两脚尖分别外展45度，左脚在前，脚后跟靠住右脚内侧的中间位置，呈“丁”字步。左手置于身后，右手下垂，身体重心放于两脚之上。

（2）双腿并拢，两脚尖展开90度，右脚在前，脚后跟贴于左脚内侧，左手臂下垂，右肘关节弯曲，前臂放于胸前横膈膜处，右手心向里，手指自然弯曲，身体重心放于两脚之上。

（3）左脚向左横跨一小步，双脚之间的距离不超过肩宽，以20厘米为宜，双手交叉置于腹前，身体重心在两脚上，身体挺拔直立，不可挺腹或是后仰。

2. 商务女士标准站姿

商务女士站立时应做到：双脚呈“V”字形，或者一只脚略前，一只脚略后，前脚的脚后跟稍稍向后脚的脚背靠拢，后腿膝盖向前腿靠拢。

具体来说，女士站姿有以下几种：

（1）双脚并拢，两膝并严，挺胸，收腹，双目平视，眼神亲切自然，面带微笑，下颌微收，双手自然下垂或是握于腹前，握四指，拇指除外。

（2）双腿并拢，两膝并严，两腿后压，手臂相叠，右手放在左手手肘处，大拇指放在肘关节内侧，无名指、小手指略微翘起。

（3）两脚尖外展90度，左脚在前，脚跟靠在右脚内侧中间位置，呈左“丁”字步。双手体后相握，握四指。身体重心放在两脚或是右脚上。

对于商务女士而言，站姿的训练非常重要，一般可通过以下五个方法达到标准站姿的目的：

（1）靠墙法：训练者背墙站立，头部、肩部、臀部、小腿和脚后跟分别靠着墙壁，以便训练整个身体的控制能力和协调能力。

（2）夹纸法：训练者在两大腿间夹上一张纸，保持纸张不掉、不松，以此法来训练腿部的控制能力。

（3）顶书法：训练者按照要领站好后，在头上放一本书，确保书不掉、头不摇，以训练头部的控制能力。

以上是商务男女在商务场合的标准站姿，在非商务场合，就没有必要

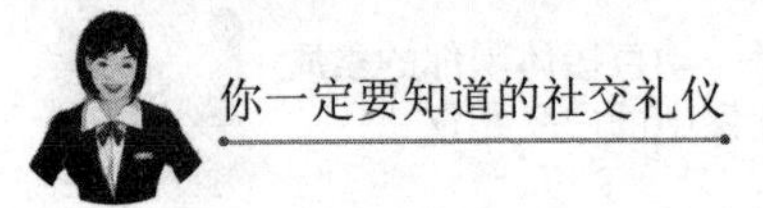

这么严格要求，在站姿的选择上可以随便一些，但是也有以下几点禁忌：

（1）站立时不能过于随便，不可出现驼背、耸肩、扭腰、两眼左右斜视、摇头晃脑等情况。

（2）站着与别人交谈时，要身体挺拔，面向对方，不可倚门、靠墙、靠柱等，双手可以配合说话的内容做一些手势，但不能太过夸张，否则就会显得粗鲁失态。

（3）不可出现两腿交叉、两手抱胸的站姿，这是非常不雅观的，同时也是一种轻浮的举动，是对对方的不尊重。而且双手不能插在腰间，这是一种含有权威和压迫意识的站姿，也是不可取的。

（4）正式场合，双手不能叉在衣袋中，如果有必要，可以单手插入衣袋，但是时间不能太久，更不能有其他有失礼仪的小动作，如低头摆弄衣角、咬手指甲等。

走出优雅步态的秘诀

站姿是静态的，走姿是动态的，是站姿的延续动作，是在站姿的基础上向人展示的动态美。走姿往往是最为引人注目的身体动作，而且也能够表现一个人的运动之美和精神风貌。正确的走姿步履矫健、优雅得体、轻松灵活，可以展现人的活力，让人显得朝气蓬勃、积极向上；错误的走姿则给人以倦怠无力的感觉。古人曾经说过“行如风”，虽然我们不一定要做到“行如风”，但是也要做到步履稳健、大方潇洒。

对于商务人士来说，更应当注意自己的走姿。在商务活动中，如果能够采取正确的走姿，会给人干练的感觉，让别人觉得你做事有效率，不拖泥带水，由此会信任你的能力，对个人商务的开展有着极大的益处，所以商务人士要注意培养正确的走姿。

1. 商务人士走姿的基本要求

（1）走的时候，头要抬起，上身挺直，微收下颌，双臂自然下垂，手掌心向内，两臂随步伐自然摆动。

（2）行走时，身体应当稍微前倾，身体的重心落在反复交替移动的前面的那只脚的脚掌上。值得注意的是，当前脚落地、后脚离地时，膝盖要伸直，等脚落下时再歪曲，并即刻使重心前移，这样就能走出优美步态。

（3）行走时步态是否美观，关键一点在于步幅和步位是否合理。步幅指的是人们在行进时前后两脚之间的距离。通常情况下，男性的步幅约为25厘米，女性的步幅约为20厘米。当然步幅的大小也因人而异，一般来说，一脚迈出并落地之后，脚后跟距离另一脚尖的距离恰好等于自己脚的长度。步位指的是行走时脚落地的位置。走路时，最佳的步位是两脚走在一条直线上，而不是两条平行线，如果走路的时候，两脚是平行线，是有伤大雅的。

（4）行走时要保持速度均匀，有节奏感，不可忽快忽慢。一般来说，在稍微正式的场合，男士行走的速度每分钟为108～110步，女士每分钟118～120步。

（5）行进时，两肩、两臂不可过于僵硬呆板。两肩应当保持平稳，不能左右歪斜，两臂可以随着步幅前后自然摆动，摆动的幅度以30度左右为佳。

以上是商务人士最为基本的走姿，但是，在其他场合，不同的情境之下，对于商务人士的走姿也有一定的要求。

（1）陪同引导时：在陪同引导来宾时，接待者应当注意走路的方位、速度及与来宾的位置关系。例如，当接待者和来宾并排行走时，陪同人员应当走在来宾的左侧。如果双方单行行走，陪同人员应当在来宾左前方一米左右的位置。另外，在行进的速度上应当以来宾为主，保持速度的协调一致，不可过快或者过慢，更不可自顾自地低头往前走。

（2）与人告别时：当交谈或者活动结束，与他人告别时，应当先面向对方后退两三步再转身离去。后退时，步幅要小，不可高抬小腿，转身时要先转体再转头，不可先转头再转体或是头与体同转。

（3）上下楼梯时：要遵循“右上右下”原则。不论是上下楼梯还是乘坐自动电梯，都应当从右侧上，这样就会井然有序，不会挡住别人的路。另外人多的时候不能和别人抢行，出于礼貌可以让对方先行。如果陪客人上楼，陪同人员应当走在客人的后面；如果是下楼，则应当走在客人的前面。

（4）进出电梯时：应当侧身而行，避免与他人碰撞，进到电梯之后，尽量站在里面，下电梯前应当提前换到电梯门口。陪同客人时，如果乘坐的是无人驾驶电梯；自己要先进后出，以方便控制电梯，如果有人驾驶的话，则应当让对方先进先出，以示礼仪。

（5）进、出入房门时：进入房门时，一定要先轻轻敲门或是按铃，得到对方的允许之后方可进门，如果进门之前不敲门、不按铃而是直接推门而入的话，会显得冒冒失失，这是一种没有礼貌的表现。出入房门务必要用手开门或者关门，不能用脚踢，用肘部顶，用膝盖拱或是用臀部撞的方式开关门。开关房门的时候，最好是反手开门，反手关门，并且始终面向对方。陪同客人出入房门时，为了表示对他人的尊敬和礼貌，应当让客人先进门，先出门，并在出入房门时替对方开门或拉门。

除了要谨记以上的走姿规范之外，还要懂得禁忌，以下几种走姿都是不雅的，一定不能出现。

（1）左顾右盼：走路时，双眼要正视前方，不可左顾右盼，瞻前顾后，更不能反复回过头来看身后，另外，身体要保持稳定，不能乱晃不止。

（2）忽快忽慢：行走的时候，切忌忽快忽慢，应当匀速前进，如果时而碎步前行，时而快速奔跑，会让人觉得不可捉摸。

（3）八字步：行走的时候，如果两脚脚尖向外侧伸就是外八字步，向内伸就是内八字步，都是有失美观的走姿。

（4）拖泥带水，低头耷拉脑：有些人走路的时候一点精神都没有，低着头，两脚不停地前后摩擦地面，这会让人感觉非常萎靡，精神不振，因此，走路的时候一定要脚步干脆利落，大步向前，让人产生一种风风火火、干脆利落的感觉。

礼仪里最重要的“坐功”

坐姿是一种静态的姿势，得体的坐姿是一种静态美，端庄自然的坐姿能够向人们呈现出优雅、自信、稳重、大方的美感。对于商务人士而言，

坐姿是应酬礼仪中经常采用的姿势之一，但是很多商务人士却难以表现出一个优雅而端庄的坐姿。所以每一位商务人士都要掌握商务坐姿的礼仪，一个优美的坐姿不仅能够展示自身的良好素质，也是对所在企业风范的一种展现。不良的坐姿则会引起他人的反感，试想一下，如果在商务会议或者商务谈判中，一个人跷着二郎腿，姿态歪斜地坐在椅子上，会让他人产生何种感想?

深深影响了日本推销之神原一平的吉田胜逞和尚曾经对他说过坐姿的重要性："人与人在相对而坐的时候，一定要具备一种强烈的吸引对方的魅力，如果你做不到这一点，将来就没有什么前途可言了。"由此可见，坐姿对于一个人的形象甚至前途是多么重要。

对商务人士而言，商务坐姿的礼仪标准是要大方、典雅、庄重，给人以一种感官上的舒适感。所以商务人士一定要戒除以下不良坐姿：瘫坐在椅子上；半躺在椅子上，双脚叉开；高跷二郎腿，而且腿不停地晃；坐着的时候不停地摆弄东西等。上述这些坐姿都会对你的商业形象产生很大的不利影响。那么，在坐姿方面，商务男女分别有哪些礼仪要注意呢?

1. 商务男士坐姿礼仪

我国古代人曾经说过 "坐如钟"，就是说，落座之后，要稳重大方，尤其是对男士而言，更要表现出非凡的气度。一般来说，男士落座之后，腰部应挺直，两腿略微分开，与肩部同宽，这样看起来不仅大方自信，而且不会太过拘束。双脚应平放在地上，大腿、小腿呈90度弯曲，两手半握，放在腿上或是椅子的扶手上。另外，坐着的时候不要翘脚，不要跷二郎腿，不能晃动脚尖，不要用手拍扣桌椅等。坐在沙发上时，一定要记住上身保持挺直，整个身子不要向里靠，那样看起来像是陷在了沙发里，会给人一种精神不振、萎靡消沉的印象。

2. 商务女士坐姿礼仪

相对于商务男士而言，女士的坐姿更为重要，也更为讲究，女性坐姿要温文尔雅，轻松自然。正确的坐姿能够让女人看起来成熟、优雅，散发出一种迷人气质。通常来说，女士要谨记"坐莫动膝，立莫摇裙"的原则。坐姿的基本要求是，腰背挺直，背部不要靠在椅背上，双腿略微并拢，目光平视对方。与人交谈时，要将双手搭在椅子或是沙发的扶手上，手心朝下，手背朝上；也可将双手相交放在腿上，双手相交的时候不能超过手腕两寸。还可将右手掌搭在左手背上，这种坐姿更显典雅大方。

3. 入座时的礼仪

在一些商务场合入座时，应当分清身份，先请对方入座。入座时要从座位的左侧进入。男士可以少许打开双膝，女士则应当双膝并拢，之后根据场合选择合乎礼仪的坐姿。与他人面对面就座时，要将自己的背部先靠近座椅，右脚后撤，将腿肚与椅子边贴近，之后再轻轻地坐下，不能弄出声响。女士穿裙子入座时，应当先用手将裙子从后向前收拢后再落座；不要在落座后靠转动扭曲身体调整裙摆。

4. 离座时的礼仪

要请身份高者先离座，身份相当者可以同时离座，另外，离座时的动作要轻缓，不可用力过猛，不要弄响座椅或将椅垫、椅罩掉在地上。同“左入”一样，“左出”同样是一种礼节。离座时要稳当自然，可以先将左脚稍微向后略收，然后起身，之后右脚与左脚保持平齐，迈步时要从容有致。

蹲姿也有礼仪

蹲姿是由站姿和走姿变化而来的一种暂时性的姿势。蹲姿在商务场合中使用得不多，因此也容易被忽视，但它也是最容易犯错误的一种姿势，尤其是对女性而言，更显得异常重要。当女士着裙装下蹲时，如果不懂得正确的蹲姿，就可能会露出臀部的皮肤及内衣，这是很不雅观的举动。蹲姿的基本要领是：站在要拾取物品的附近，屈膝下蹲去拿，但不要弓背，要慢慢地降低腰部；两腿合力支撑身体，掌握好重心，臀部向下，万不可双腿敞开蹲下，这种蹲姿是最不雅观的。选择正确的蹲姿不仅能够防止女性“走光”，同时也能体现优雅的姿态。下面就是几种优雅的蹲姿：

1. 高低式

下蹲时，左脚在前，右脚在后。左脚完全着地，小腿与地面垂直；右脚脚掌着地，脚跟提起，此时，右膝低于左膝，右膝的内侧可以靠在左小

腿的内侧，臀部向下，重心基本在右腿上，这种姿势对于男士来说更为方便，也更为普遍。

2. 交叉式

交叉式蹲姿适用于女性，特别是穿短裙的女性，这种姿势的特点是优美典雅。要求是：下蹲时，右脚在左脚的前面，右脚全部着地，右腿在上，左腿在下，二者交叉重叠；左膝由后下方伸向右侧，左脚掌着地，脚跟抬起；两脚前后靠近，合力支撑身体；上身略微前倾，臀部向下。

3. 半蹲式

半蹲式蹲姿多用于行进中突然蹲下时。基本特征是身体半立半蹲。具体要求是，下蹲时，上身稍微弯下，臀部向下而不是撅起，双膝略弯，角度一般为钝角，身体的重心在一条腿上。

4. 半跪式

半跪式蹲姿是一种非正式的蹲姿，多在下蹲时间较长或用力方便时采用。特征是双腿一蹲一跪，要求是：下蹲之后，单膝着地，脚跟抬起，臀部坐在脚跟上，而另一条腿则全脚着地，小腿垂直于地面，两腿尽量靠拢。

手势的奥秘

手势指的是人的两只手臂表现出来的各种动作。手是身体上最灵活自如、变化多端的一个部位，所以手势是人们日常生活中使用非常频繁的一种体态语言，同时它也是最有表现力、最为丰富的一种体语。某些语言无法表达自己的想法和情绪时，往往就会“指手划脚”，足见手势的运用之多及其重要性。而古罗马政治家西赛罗也曾说过：“一切心理活动都伴有指手划脚等动作。手势恰如人体的一种语言，这种语言甚至连野蛮人都能理解。”有时候，手势能够跨越语言的障碍，在不同的地区通用，可见掌握手势礼仪对商务人士来说是非常重要的一门功课。

手势并不是孤立运用的，在表情达意的时候，手势配合语言及表情，能够传神地将个人的意图表达出来。社交经验丰富的人都非常懂得运用自

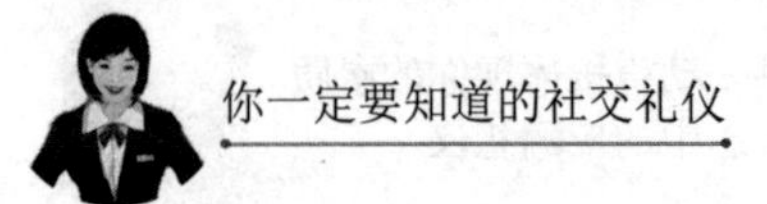

己的手势。在与人交谈时，为了使语气加强，表述更有力，他们往往会通过手势强调自己所表达内容的重要性和效果。并且，在与他人交流的时候，要注意控制自己的双手，保持文质彬彬、温文尔雅的风度。然而有些人却并不知道这一点，例如：他们兴奋的时候，会难以抑制地挥舞双臂或者打响指；在公共场合喜欢指手划脚、乱指乱点；与人交谈的时候，手会不停地乱动，或者摆弄某些东西。这些都是不雅观的表现。那么，手势究竟隐藏着哪些奥秘呢？

1. 手势活动范围代表的意义

手势活动的范围一般可以分为上、中、下三个区域。

手在肩部以上的活动范围可以称为上区域，多用来表达激昂、兴奋等积极肯定的情感；在肩部至腰部之间的手势活动称为中区，一般表示较为平和的想法，感情色彩比较淡；腰部以下的手势活动称为下区，表达的多为厌烦、不屑、失望等消极否定的情感。

2. 运用手势的几点原则

（1）手势不要过于频繁，过于频繁的手势会显得自己不够成熟、稳重，所以手势应当干脆利落，简约明快。

（2）做手势的时候要保持动作自然流畅，不可拘谨，否则有损交际者的形象。

（3）手势要与全身动作相协调，包括与情感的协调、与语言的协调、与表情的协调。

（4）对不同的人，应当采取不同的手势，不可不分对象，千篇一律地采取几个单调的手势。

3. 手势礼仪规范

（1）手势不能滥用。商务人士做手势的时候应当干脆有力，直接明了，手势不宜过多，动作不可过大，不可指首划脚，指天点地。如果无目的地、习惯性地使用手势或者一直重复某种手势，不仅不能够增加说服力，而且还会引起他人的不快。

（2）动作要稳重。在公共场合，双手乱动，乱摸，指指点点，乱扶，乱放或是咬指甲、抱头等动作都是不稳重的表现，商务人士切忌做出上述动作。

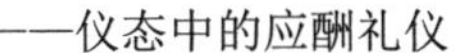

（3）不可对他人指指点点。与他人交谈的时候，用手指直接指点他人是一种无礼的表现，也是对他人的不尊重。不管在什么情况下，都不要用大拇指指自己的鼻尖或是用手指指他人。谈到自己时，应当将手掌轻轻按在自己的左胸部，会显得大方有礼。

（4）掌心向上表尊重。按照礼仪规范，掌心向上的手势表示对他人的尊重和自身的仰慕；而掌心向下的手势无意中会有贬低别人、缺乏诚意的意味。当介绍他人或为他人引路、请他人做事时，应当保持掌心向上，上身稍前倾，以示对他人的尊重。

（5）礼貌的鼓掌。出席一些正式社交场合时，如听报告、听演讲、观看文艺演出、听工作汇报时，在适当的时候应当以热烈的掌声表示自己的热情和赞赏。鼓掌时，标准的动作应当是以右手掌轻拍左手掌的掌心，鼓掌应自然，不要双手举过头顶大力鼓掌，鼓掌时间不可太短，不能两三下了事，但也不宜太长，应当适时而止。

第四章　把握分寸是社交的基本功
——谈吐中的应酬礼仪

谈吐不单单指言谈的具体内容，还包括言谈的姿态、表情、声音、速度、声调等，这些都是人际交往中亟须注意的问题。在交流的过程中，不一定非要伶牙俐齿、舌灿莲花，如果你的谈吐既有知识、趣味，又能够通过恰当的表情和让人感觉舒服的声音来表达的话，那么必定会取得意想不到的效果。

使用称呼的应酬礼仪

在日常生活中，见到某人的时候，出于礼貌，我们不会直呼其名，而是冠以各种不同的称呼。称呼就是人们在日常交际中使用的称谓语。同他人来往时，如果称呼使用得正确、得当，不仅能够体现出自身的教养及对对方的尊敬，还可以体现出双方关系进展的程度和道德风尚。在人际交往中，称呼更为重要，如果称呼错对方的名字，很可能会引起对方的不满，从而对你的素质和能力产生怀疑。

一般来讲，称呼可以分为如下几种：

1. 职务性称呼

这是一种最为常见的称呼，以对方的职务相称，特意突出对方的身

份，以示尊敬。这种称呼有三种情况：一是直称职务，如“经理”“部长”等；二是在其职务前加上姓氏，如“张总”“李处长”等；三是在职务前加上姓名，这种称呼仅用于正式场合。

2. 职称性称呼

在交往中，如果遇到获得某种职称的人，特别是获得中、高级职称者，在工作中可以直接以其职称相称。称呼职称时可以只称职称，如“教授”“律师”等；可以在职称前加上其姓氏，如“李研究员”；也可以在职称前加上姓名，这种称呼适用于正式场合，如“XX教授”。

3. 行业性称呼

对于有些人，可以直接以其从事的行业进行称呼。具体有两种情况：直接称呼对方的职业，如“老师”“医生”“会计”等；对商界和服务业从业人员，一般可按照性别称呼为“先生”“小姐”或“女士”。对于未婚者称“小姐”，对于已婚或不明确婚否的女性可以称呼为“女士”。

4. 姓名性称呼

这种称呼一般仅限于同事和熟人之间。可以直称对方姓名，也可以只称姓氏，但要在姓前加上“大”“小”“老”等前缀。另外，在同性之间，特别是上级称呼下级的时候，可以只称呼其名字。

5. 国际性称呼

随着世界性经济融合速度加快，世界各地区之间的人际交往也越来越多，所以对商务人士而言掌握好国际性称呼也是刻不容缓的一件事情。在人际交往中，一般称呼“先生”“小姐”或“女士”，对于地位较高的人，可以称呼“阁下”，诸如教授、法官、律师、医生等。另外，在英国、美国、加拿大、新西兰等英语为主的国家里，姓名的构成顺序与我国是不同的，他们都是名字在前，姓氏在后。对于关系密切者，可以只呼其名，不呼其姓。

以上是经常用到的称呼方式，对商务人士而言，掌握这几种称呼是很必要的。一些人在出席商务活动的时候容易紧张，特别是在一些慰问、会客、迎送等人们接触不多而时间又比较短暂的场合中，容易出现将称呼张冠李戴的现象。这样，不仅令人尴尬，而且还会对交际效果产生影响。所以商务人士应当知道哪几种称呼是不能出现的。

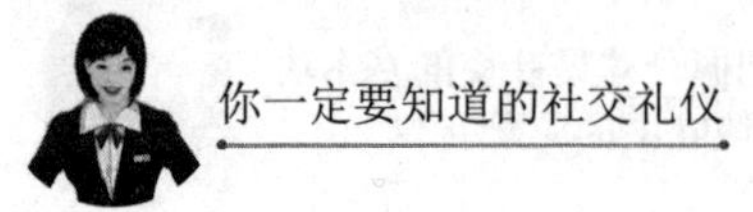

1. 称呼错误

出现该错误的原因主要在于粗心大意，注意力不集中。常见的称呼错误可以分为两种：（1）误读，一般表现为念错对方的姓名。（2）误会，表现为误解了对方的年纪、婚否及辈份。比如将未婚女性称呼为“夫人”，就属于称呼上的误会。

2. 称呼过时

称呼也是随着时代的变化而不断变化的，具有一定的时效性。一些过时的称呼就不能再采用了，否则就会闹出笑话。如我国古代女性称丈夫为“老爷”，称领导为“大人”，如果现实生活中仍旧这么称呼的话，就会显得非常滑稽。

3. 称呼低级庸俗

很多称呼非常口语化，不正式，如“哥们儿”“姐们儿”“死党”等称呼就显得档次不高，在正式场合是绝对禁止使用的。

4. 使用地方性称呼

我国幅员辽阔，南北东西在称呼上都有很大的差异。如北京人爱称人为“师傅”，山东人爱说“伙计”，但是在南方人看来，“师傅”是对出家人的称呼，而“伙计”则是对打工仔的称呼，所以在运用称呼时应当注意南北方的差异。

5. 以绰号称呼对方

有些人爱以他人身上存在的某些特点甚至缺陷起绰号，这是对对方的大不敬。尤其是关系一般者，万万不可乱起绰号，更不能用从别人口中听到的绰号称呼对方，也不可随便拿别人的姓名开玩笑。

自我介绍的应酬礼仪

在人际交往中，给他人留下良好的印象是极其重要的。怎样做才能够给他人留下良好的印象呢？成功的自我介绍就是其中的一个方法。自我介绍其实就是用或简练或风趣的语言把自己推销出去，推销的成功与否会影响到你的人脉关系甚至前程。因此，应当了解并能够掌握自我介绍的礼

仪，在社交活动中争取给他人留下一个好印象。

1. 自我介绍的类型

根据介绍人的不同，自我介绍可以分为主动型自我介绍与被动型自我介绍两种类型。

（1）在人际交往中，想要结识某人而又无人引荐的时候，可以自己充当自己的介绍人，将自己介绍给对方，这种介绍就叫做主动型自我介绍。

（2）应他人的要求，将自己的具体情况向大家进行一番自我介绍，这种自我介绍叫做被动型自我介绍。

2. 自我介绍的注意事项

在社交和商务场合中，出于人际沟通或是业务交往上的需要，商务人士常常要做自我介绍。然而，自我介绍也要根据场合和时机进行，如果不能根据场合恰当地表明自己的身份和来意，往往会造成尴尬的局面。要想成功地自我介绍，就应当注意以下事项：

（1）自我介绍的基本内容。一般包括三个方面：本人的姓名、供职单位及具体部门、担任的职务和所从事的具体工作。在自我介绍时，这三个方面应当连续报出，语言要力求简洁，不要拖沓，尽可能地在最短的时间内介绍清楚。一般情况下以半分钟左右为好，最好不要长于一分钟。在作自我介绍时，可以用名片做辅助，以提高效率。

（2）注意自我介绍的时机。自我介绍应当在适合的时间进行，一般来说，以下几种情况自我介绍比较容易取得成功。第一，目标对象空闲的时候。如果对方正忙于同别人讲话，切不可打断他们的谈话，这时候可以在一旁稍作等待。第二，周围环境较为安静时。如果你向要合作的商务伙伴在地铁或者人潮拥挤的人行道上作自我介绍的话，目标对象可能转身就把你忘了。第三，在较为正式的场合做自我介绍。如在写字楼、宴会厅、会客室等，这种场合环境比较安静，对方也能够更好地记住你。

（3）注意自我介绍的方法。进行自我介绍的时候，首先要向对方点头致意，等对方回应后再介绍自己。有介绍人在场的时候，自我介绍往往被认为是不礼貌的。

（4）讲究态度。进行自我介绍时，态度一定要自然、亲切、友善、落落大方、彬彬有礼，语速要适中，不可太快，不可太慢，表情要和

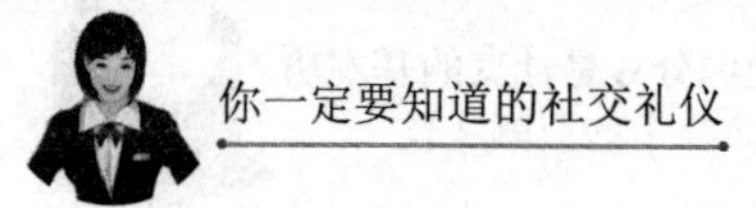

蔼，充满善意，这样容易获得他人的好感。不要结结巴巴，畏畏缩缩，或以一副满不在乎的语气介绍自己，也不要过于冷漠生硬，这样都会影响自身形象。

（5）实事求是。进行自我介绍时，应当实事求是，真实可信。不可过于谦虚，但也不能自吹自擂，夸大其词。一味地贬低自己，讨好别人或是大夸海口，自我抬高都不是合适的介绍方式，都难以获得他人的好感和信任。所以介绍用语也要留有余地，不要用“最”“极”“特别”“第一”等表示极端的词语。

他人介绍的应酬礼仪

他人介绍是第三者为彼此不相识的双方介绍、引见的一种介绍方式。在商务场合中，这种介绍方式经常会被用到，每个人都可能成为被介绍者或者是为他人介绍的人。所以商务人士应当对有关他人介绍的礼仪了如指掌，这样才能够在正式场合表现得更为得体、更为合理。

1. 他人介绍的顺序

在为他人作介绍时，介绍的顺序是一个较为敏感的问题。按照应酬礼仪规范，在为他人作介绍的时候，应当遵守“尊者优先”的原则：要将年轻人介绍给长者；将地位低的人介绍给地位高的人；如果双方的年龄和职务相当，则应当将男士介绍给女士。具体来说，为他人介绍的顺序分为以下几种：

（1）长辈与晚辈，应当先将晚辈介绍给长辈。

（2）上级与下级，应先把下级介绍给上级。

（3）年长者与年幼者，应先介绍年幼者，后介绍年长者。

（4）女士与男士，应先将男士介绍给女士。

（5）已婚者与未婚者，应先介绍未婚者。

（6）来宾与主人，先把客人介绍给主人，把晚到者介绍给早到者。

（7）同事、朋友与家人，应先介绍家人，后介绍同事、朋友。

2. 他人介绍的注意事项

在进行他人介绍时，需要注意下面几个问题：

（1）在介绍被介绍人之前，先要征得被介绍双方的同意，了解被介绍双方的身份、地位和双方是否愿意彼此结识，切勿在未征得双方同意的情况下擅自介绍，这样未免唐突，会让被介绍者感到措手不及。

（2）介绍他人时，介绍人应当多用敬辞。在较为正式的场合，也注意介绍词的使用，一般情况下可以用“×××，请允许我向您介绍……”的句式。而在一般的场合则可以稍微随意，可以用“让我介绍一下，这位是……”的句式。

（3）为他人做介绍时应当注意自己的手势动作。不论介绍哪一方，手的正确姿势都应当是四指并拢、拇指伸开，掌心向上，胳膊略外伸，指向被介绍的一方，上体前倾15度，并向另一方点头微笑。介绍人不可以用手随便拍或是搭在被介绍人的肩、胳膊和背等部位，更不能用拇指和食指随意指向被介绍人，这都是对他人缺乏尊重的不礼貌表现。

（4）介绍他人时，介绍人还应当注意自己的表情和态度。一定要热情友好，语言要简洁明了。在介绍一方时，应当面带微笑，用自己的视线将另一方的目光吸引过来。被介绍时，眼睛应当正视对方，双方最好能够起立，以示尊重和礼貌。当介绍人介绍完毕后，被介绍双方应微笑点头示意或是握手致意（位尊及年长者除外），同时，口中应说 “您好，很高兴认识您”等得体的礼貌语言。

四种方法让你的谈吐更专业

“人有人言，兽有兽语”，语言是人类最为重要的交流工具，它能够传递信息，交流感情，表达思想。语言是人类最为庞大，也最为广泛的艺术。但是语言有高雅与粗俗之分，同样的意思经由不同的方式表达出来，能够引发人不同的情绪，或喜爱，或厌恶。而得体的谈吐能够传递友善、尊重、平等的信息，让人有一种如沐春风的感觉，并愿意与你交谈。谈吐礼仪与一般语言的不同在于，它不是对他人采取一些具有攻击性和侮辱性

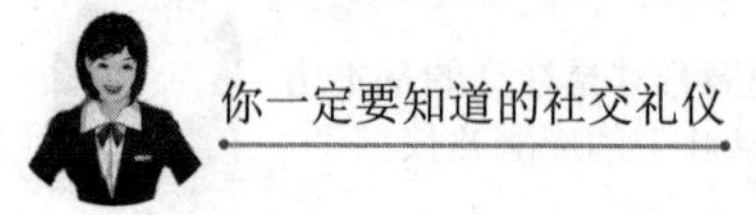

的语言，而是通过文明、高雅的语言建立起沟通的桥梁。

谈吐礼仪是通过优化语言、提炼语言来突出表达效果的，得体的谈吐能够让你更受众人的欢迎，以下是几种优化谈吐的方法：

1. 委婉法

委婉是一种既能准确表述思想同时又婉转温和的表达方法。它不是开门见山似的而是“曲径通幽”式的表达，有一种“言在此而意在彼”的妙处，能够引导对方去领略你的话，去倾听言外之意、弦外之音、从心理学的角度分析，不论是在表达自己的想法还是劝说对方时，委婉含蓄的表达方式都能够令对方更容易接受，同时还照顾了对方心理上的自尊感。有些话虽然意思差不多，但是用不同的表达方法却能够产生天壤之别的效果。例如，“谁？”与“哪一位？”；“不来。”与“对不起，不能来。”；“如果不行就算了。”与“如果觉得有困难的话，那就不麻烦你了。”这几组对比之中，前者都太过直白，容易伤害到对方的自尊心，而后者则是婉转了许多，更容易让人接受。

2. 幽默法

幽默是交际的润滑剂，是打破沉闷的灵丹妙药。幽默与讽刺、滑稽不同，幽默秉承的是温和与善意的心态，而后两者往往是尖酸刻薄、不友好或是有失风雅的。幽默是笑的精华，它的作用不仅仅在于博人一笑，还是一个人智慧和心态的表现，能够让人在笑声中有所醒悟，启人心智。幽默之所以会拥有这种力量，是因为它本身就是一种智慧。莎士比亚说：“幽默和风度是智慧的闪现。”有幽默感的人大都有着深厚的知识修养、宽广的胸怀，乐天达命的态度。人们愿意同幽默的人打交道，因为他们总是能够把一些平时看起来不起眼的小事说的令人捧腹。然而要成为一个富有幽默感的人并不是一件容易的事情，首先要有自信、豁达、乐观向上的生活态度，还要有真诚善良的品质和丰厚渊博的知识素养。幽默是自然的，是不做作的，在交往中切忌不可故作幽默，因为幽默多一分就成了油滑，少一分就成了做作。

3. 模糊法

人类的语言具有模糊性的特征。在汉语中，很多词语都是模糊性的，如汉语中的概数词“上下”“左右”“前后”“多少”“多日”“多次”

等，副词“马上”“非常”“刚刚”“永远”“略微”等。时间名词“拂晓”“白天”“黄昏”“深夜”“现在”“过去”等都是模糊词。模糊法是通过不确定或不精确的语气进行交流的一种方法。与人交流的时候，如果对某些问题没有十足的把握或不了解其中的情况，但是又不能显示出自己的无知，就可以运用模糊法。这也是一种表达方式，并不是油滑、推诿或撒谎、支支吾吾，而是表达的一种正当的存在形式。

4. 暗示法

暗示法表示的是“不公开地、隐蔽地给人以启示”。暗示是在双方无对抗的情况下，通过语言、动作或某种特殊信号以含蓄、简洁的方法对人的心理和行为产生影响，并引起对方反应的一种方法。例如，某处挂一标牌：“若在此处放自行车，将拔气门芯放气。”这就是通过一种幽默的方式告诉大家，此处不可存放自行车。暗示法在交际中也是一种非常有效的艺术，对于一些难以启齿，不能明说的问题，可以通过暗示法让对方知晓，这样既保全了双方的颜面，也能很好地解决问题。

掌握以上几种方法之后，还要注意谈吐的言语，好的言语能够在第一时间博得他人的好感，所以在谈吐中掌握一些敬语、谦语和雅语是非常重要的。

1. 敬语

敬语是对他人表示尊敬的礼貌用语。使用敬语不仅能够体现出一个人的礼貌，还能够反映他自身的整体素养，多使用敬语，会让你更受他人的欢迎。一般来说，以下几种情况比较适合用敬语：第一，较为正规的社交场合；第二，与长辈或是身份、地位比较高的人进行交谈的时候；第三，与人初次会面或是与不熟悉的人打交道的时候；第四，谈判、会议等公务场合。

常用的敬语包括：日常生活中经常用到的“请”字，第二人称的“您”字，代词“阁下”“尊夫人”“贵方”等。另外，还有一些日常生活中常用到的词语，如初次见面应当说“久仰”，长时间不见应当称“久违”，请人提意见称“请教”，希望人原谅称“包涵”，麻烦别人称“打扰”，请人办事称“拜托”，称赞别人见解称“高见”等。

2. 谦语

谦语也叫做“谦辞”，与“敬语”相对，是向他人表示谦恭和自谦

的词汇。谦语被经常用来在他人面前谦称自己及家属。例如，称自己为“愚”，称家人为“家严”“家慈”“家兄”“家嫂”等。

谦语在生活中用的不是很多，但是如果能够经常使用，在与他人的交往中显示出诚意和谦虚，人们自然会对你产生好感并愿意同你交往。

3. 雅语

雅语指的是在修辞上比较文雅的一些词语，人们经常在一些正规的场合和现场有长辈和女性的情况下使用，以代替那些粗俗、鄙陋的语言。使用雅语能够体现出一个人的知识水平、文化素养及尊重他人的个人素质。

假如你在招待客人，端茶的时候，应当首先向客人说：“请用茶”。如果还有点心的话，可以说“请用一些茶点”。如果比他人先结束用餐，这时候应当说：“请大家慢用”。当然，雅语的使用并不是僵死、固定的，可以视场合不同而选择不同的雅语。只要你的言谈举止优雅有礼、文雅庄重，相信人们会对你留下深刻的印象，而你良好的修养也会让他人觉得与你交往会倍感舒适。

声音也是一种美

在日常与人交往的过程中，相信大家有这么一个印象：与声音好听的人交谈，我们愿意听其不疾不徐地娓娓道来；与尖声怪语的人交谈，没有多久就会心生厌恶。有的人讲话声若洪钟，有的人讲话如春风细雨，有的人讲话却尖利刺耳。好的声音能够让人产生愉悦感，而难听的声音则难以吸引他人的注意。这是因为，声音是语言中有声的表达工具，能够表达出语言的情感，以声传情，以声达意。商务人士更要注意声音的问题，由于接触的大都是修养较高的成功人士，他们对一个人的整体素质包括对声音的要求更高，所以一定要注意自己说话时的声音。

鲁迅先生曾经说过：“语言有三美：意美以感心，一也；音美以感官，二也；形美以感目，三也。”这里的“意美”与“音美”，强调的就是声音对于语言的重要性。

谈吐礼仪要求人们在说话的时候，让自己的声音充满魅力，以吸引他人的聆听。而想要使自己的声音充满魅力，起码要做到下面两点：

1. 在乎自己说话的声音

一些人说话时对自己的声音满不在乎，他们要么阴阳怪气，要么大呼小叫，要么谈吐不清，要么声若蚊聚，但即便这样，他们也意识不到自身存在的问题，也从未想过如何改正这方面的缺陷，却还喜欢在他人面前喋喋不休，这种人最容易引起他人厌恶，所以首先要做到的就是要在乎自己说话的声音。

2. 每天练习自己的声音

想要提高和完善声音的魅力，就要经常练习。具体要从以下几点做起：

（1）注意自己音量的大小。同别人说话时，声音不宜过高，让人听清楚即可，所谓声声入耳，而最吸引人的音调是明朗、愉快、低沉的，降低音量比声嘶力竭地大喊大叫无疑更让人感觉舒适。所以音调偏高、声音尖利的人应当试着降低自己的音调，当然要注意适度，如果声音太低，低到让人听不清楚的程度，也是不好的。

（2）语调应当柔和。在与人交往时，应当使用柔和的语调。尽可能让自己的声音听起来柔和适中，避免粗俗鄙俚的言语，要以理服人，而不是以声音压人。柔和的语调不仅能让你看上去谈吐更为优雅，而且也显得成熟、沉稳，有一种不容置疑的力量。

（3）注意讲话的速度。与人交谈时，应当根据现场和对象的实际情况调整自己的讲话速度，如果时间紧迫，事情重要，讲话时应当言简意赅，言辞恳切，但是速度最好不要过快，以免别人听不清楚，尽可能一字一句地娓娓道来，给别人留下一个沉稳的印象，同时也会给自己留下思考的余地。

（4）有节奏感，抑扬顿挫。在与他人交谈时，如果过于平铺直叙，过于呆板的话，别人会觉得你言语乏味，而你传达的信息大都是无效的。所以应当避免平铺直叙，应当让自己的叙述充满节奏感，音调要有高低起伏、抑扬顿挫的变化，这样能够增强讲话的效果。任何一次讲话，讲好了都像是一场美妙的音乐，而只有将速度与音调和谐搭配才能够动听，才能够让人产生倾听的欲望。

（5）吐字要清晰，声音要干脆利落，讲话的段落要分明。讲话时，吐字应当清晰，让人每个字都能听得清楚，不要含糊其辞，宁可放慢讲话速度，也要把话说清楚。另外，讲话时要段落分明，思维清晰，逻辑合理，不可一会儿说东，一会儿说西，让人听得一头雾水，不知道你要表达的主题是什么。

（6）发音要正确。声音美指的不仅是嗓音动听甜美，更为重要的是要有正确的发音，以便能够使自己的语言保持抑扬顿挫的声调和快慢适中的速度，自然地表达丰富的思想感情。而要保持正确的发音首先就要练习普通话，我们很难想象在正式的商务场合讲一口方言是何等情形，相信大家都会异常尴尬。普通话已经成了约定俗成的语言，所以一定要练习好普通话，交流起来才更为方便。而有口吃及其他原因导致谈吐不清的人，要纠正这些缺点，比较好的办法就是大声朗读，只要坚持不懈，就一定能够改善自己的不良状况，练出标准的发音来。

“商业搭讪”从何开始

在商务活动中，初次见面时如何展开对话是很重要的。如果见面之后直奔主题，没有铺垫的话，会让人觉得太过突兀，而如果见面之后不懂得如何搭讪，更会使场面显得沉闷且尴尬。所以说，搭讪是一种技巧，如果你想要让对方对你无所顾忌地畅所欲言，就要懂得如何搭讪，如何获取对方的好感与信任，这样你们之间的谈话才能够进一步在融洽的氛围下展开。那么如何才能够与他人搭讪呢?

1. 适当的寒暄

寒暄是交流的润滑剂，它的主要作用是能够在人际交往中打破僵局，缩短彼此之间的距离，可以在两个陌生人之间架起一道沟通的桥梁，帮助你和他人顺利地展开谈话。适度的寒暄，能够让初次见面的双方很快消除陌生感，能够使不认识的人很快熟识，能够很好地调节单调的气氛，使双方的交流更为积极，更为活跃。善于运用寒暄语的人，更容易让别人对你产生好感。在与他人交流时，如果能够选择适当的寒暄语，往往能够为双方对话的进一步展开做好铺垫，可以说寒暄是人际交往中必不可少的一部分。

奥琳埃娜·法拉奇是一位著名的意大利女记者兼作家。20世纪80年代，她打算到中国对邓小平同志进行一次专访。但是，当时的中国刚刚实行改革开放，而且与西方一直处于冷战状态，关系僵化，法拉奇很担心这次对邓小平的专访不能成功。为了准备这次采访，她特地翻阅了与邓小平相关的很多书籍，在看到一本传记时，她注意到里面写了邓小平的生日，于是，她有了一个不错的想法。

1980年8月22日，是邓小平同志的生日，他接受了法拉奇的专访。

一见面，法拉奇就微笑着说："邓小平先生，首先我谨代表我们意大利人民祝福您，祝您生日快乐！"

"我的生日？我的生日不是明天吗？"或许是日理万机的原因，邓小平连自己的生日都记不清楚了。

法拉奇信心十足地说："没错的，邓小平先生，今天的确是您的生日。我是从您的传记中知道的。"

"噢！既然这样说，就算是吧！我从来不知道什么时候是我的生日。就算明天是我的生日，我也已经76岁了。76岁啊，早就是衰退的年龄了！这也值得祝贺？"

显然，此时的邓小平已经对法拉奇产生了一些好感，所以邓小平主动和她开了个小小的玩笑。

法拉奇也和邓小平开起了玩笑："邓小平先生，我父亲今年也已经76岁了。如果我对他说那是一个衰退的年龄，他会打我一巴掌呢！"

邓小平听了之后哈哈大笑。接着说道："他做的也许对。不过，我相信你肯定不会对你父亲这样说的，对吧？"

于是采访就这样在一个轻松融洽的氛围下继续下去了。

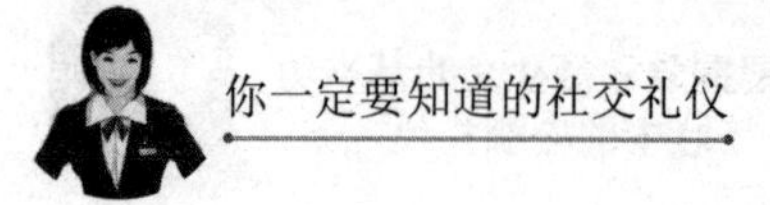

法拉奇这次采访的成功就在于她通过一个好的开场白、一套得体的寒暄话，赢得了邓小平同志的好感，从而顺利地完成了这次采访。

2. 从赞美别人开始

我国有一句俗语，叫做“千穿万穿，马屁不穿”。这里说的马屁不是说费尽心机、放下身段去曲意逢迎别人，而是发自心底的去称赞和夸奖别人。每个人都有优点，当你和别人交流时，将他的才能、成就、天赋、地位、特长等用一种稍微夸张的方式渲染出来，不仅能够活跃气氛，还能使被夸赞的人笑逐颜开，满心欢喜，从而增加对你的好感。当然，这要求在见面之前对对方的情况有一定的认识和了解。一个懂得赞美、善于赞美别人的人，能够把对方的方方面面夸奖得恰如其分。例如，两人见面之后，甲对乙说：“小张，你今天的发型真漂亮，整个人都精神了许多，能告诉我在哪儿做的吗？”或说：“小红，你今天这套裙装真合身……”以此类言语开场，大部分都能获得对方的好感。

3. 学会没话找话

在与陌生人交流时，如果没有好的主题，可以巧妙地以别人的某些材料为话题，借此引发双方的谈话。比如可以以对方的姓名、籍贯、年龄、服饰等因素即兴引出话题，而且还能够得到不错的效果。

一般而言，人们都比较重视自己的名字，很多成功的交际案例都是从对方的名字开始的。所以对方做完自我介绍之后，你可以在他的名字上表现出浓厚的兴趣。如可以夸他的名字起的好听，有内涵，有品位，或者说很少有人想到如此好听的名字等。这样一来，你就能快速获得对方的好感。

此外，也可以在正式交谈开始前提一些很普通的问题，以便投石问路，你对对方的情况有了大致了解之后，再进行目的性的交谈，这样就能说得更加自如一些。

4. 提出问题

谈话的过程就像是打乒乓球，有来有往，有发球，有接球，很多成功的谈话也是从一个问题引申来的，这也是个人在新的场合拓展人际关系的好方法。

在一个成功企业家交流心得的宴会上，众多主角无暇出席，赵刚的老板也由于有重要事情，便让公司里职位最高的赵刚代表自己参加这次宴会。赵刚不爱张扬，本打算露露脸就行了，可是来到晚宴之后才发现，全场只有六桌，自己还被拉到主桌，而坐在赵刚旁边的就是一个大富翁。当晚，赵刚觉得很难熬，可是他只说了一句话，就让那位富翁整晚都滔滔不绝。

赵刚只是问："早就听说您公司的大名了，想请教您的生意是怎样成功的？"那位大富翁便滔滔不绝地讲起他从白手起家到今天的奋斗过程。

可见，提问是非常有效的使人打开话匣子的方式。使用这种方式的时候，不必配合不同的环境去找不同的话题，只要记住"请教"这两个字，就可以马上让对方打开话匣子。

另外，也可以针对对方下意识的动作来提问，这也不失为一个好的办法。例如，对方只是一味抽烟，当你发现他在熄火柴时有某种习惯的时候，你就可以立刻问他："你熄火柴的动作很有趣，轻轻一弹就熄了。"看到对方在咖啡里加了两勺半的砂糖，你也可以发问："对不起，为什么你非要放两勺半砂糖不可……"通常面对这类问题，人们都会热心回答，甚至就此开始滔滔不绝地讲述。而对较内向、羞怯的人，不妨继续发问，帮助他把话题延续下去。

第五章　办公室内外的通行规范
——职场中的应酬礼仪

职场礼仪指的是人们在职业场所中应当遵循的一系列的礼仪规范。要做一个优秀的职业人，才华和技能只是一个方面，重要的是，在工作中要熟练地运用一些职场中的技巧，用一种合理的方式去跟人沟通和交流，只有这样，才能够获得他人的认同和尊重，才能在职场中如鱼得水。

应聘面试的基本礼仪

每个人走出学校之后，都要迈向社会，迈入职场，而在迈入职场的路上，第一关就是面试。毫不夸张地说，面试的礼仪往往比个人能力还要重要，面试时的表现能够体现出一个人对职场的准备和个人素质。如果初入职场的人能够很好地掌握面试礼仪，那么他就能在第一时间给面试官留下一个好印象，这比那些不懂得面试礼仪的人无疑多了一份保证。那么，面试的时候都有哪些礼仪需要注意呢？

1. 注意个人形象

一个良好的个人形象能够给面试官留下良好的第一印象，使他们更愿意深入地了解你。假如一个面试的人，衣冠不整、蓬头垢面地去公司参加

面试，不仅体现了自身素质的缺陷，也会让公司觉得你对这个公司不够尊重，很难引起面试官的好感。一般来说，个人形象包括以下三个方面：

（1）整洁的仪容。面试的时候要保持仪容的整洁，需要注意眼角、耳后、脖子等易被忽略的地方。男士要刮净胡须，要勤洗澡，身上不能有异味，面试前不可抽烟，不要吃诸如大蒜等有强烈异味的东西。而女士则最好化一些淡妆，稍微修饰面部，以一个清新、淡雅、积极的形象示人。

（2）适合的发型。发型对一个人的形象有很大的影响，因为看一个人的时候，最先看到的就是他的发型。发型不仅要符合个人特点，还要注意与自身的衣服相配。面试时，对发型的总体要求是自然、干净、端庄、文雅，避免太过前卫、造型怪异、颜色杂乱的发型。

（3）得体的着装。很多人对面试时的着装都存在理解上的误区，以为着装越时髦，越能够给面试官留下好印象。其实不是这样的，面试时的着装不在于时髦与否，而在于是否得体，是否大方，总体来说，着装做到整洁、简约、大方就可以了。另外，不要穿款式过于新颖，颜色过于亮丽的服装，女性尤其忌穿低胸装及过于紧身、过于暴露的衣服。一般而言，面试时，男士可以选择清爽的衬衣和西服，女士则可以选择西装套裙。因为职业装能够让人看起来更为优雅而自信，会给对方留下良好的印象。

2. 遵时守信

对于求职者而言，面试的时候最好能够提前10～20分钟到达面试地点。这样不但能够提前找到具体地方，事先适应一下公司的环境，同时还能够平复情绪，更加从容镇定地去参加面试。很多人在这方面不够重视，往往在面试快要结束的时候才慌慌张张、手忙脚乱地推门而入，显得非常冒失。我们试着站在公司的角度想一下，一个连首次面试都迟到的员工，一个没有时间观念的人，你会录用他吗？答案是不会。因此，对面试者而言，迟到和失约都是不尊重对方的表现，也是失礼的表现。

3. 重视见面礼仪

对面试接待人员也应当以礼相待，到达面试地点后，应当主动向接待人员问好，表示礼貌，要将“谢谢”“麻烦您”之类的客气话始终挂在嘴边。等候面试时，要保持冷静，不能显露出急躁不安的情绪来，也不可在等候的时候旁若无人地做某些小动作，因为这个时候无意间的小动作最

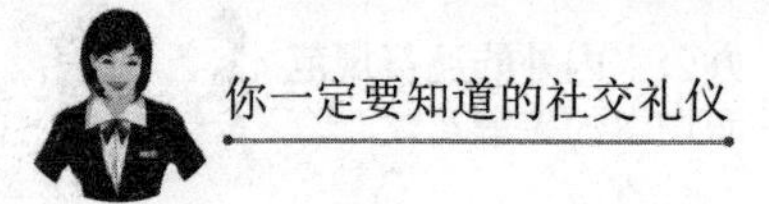

容易暴露个人素养的缺陷，从而成为别人评判的标准。轮到面试时，进门前应当先敲门，即便房门虚掩，出于礼貌，也应当轻敲两下，得到面试官的允许后再轻轻推门而进，然后轻轻带上门，整个过程不要发出太大的声响。进入面试室后，要先向面试人员问好，当对方说“请坐”时，方可按指定位置就座，并注意保持坐姿。

4. 面带微笑

很多求职者由于是初次面试，未免紧张，导致表情很不自然。其实，自信、从容的微笑会让你看上去更优秀、更自信，利于求职者塑造自我形象，容易给主考官留下一个美好的印象。另外，作自我介绍及与主考官交流时，应当双目注视对方，不可东看西瞧，游移不定，让人怀疑你的诚意。

5. 举止要大方得体

面试前，要准备好所需的求职材料，如个人简历、有关证件、介绍信或推荐信等，一定要保证在面试时不用费力地翻找就能迅速取出所需要的资料。在向考官递交这些资料的时候，要双手敬奉，举止要得体大方。另外，面试的时候要自觉地将自身携带的手机和其他通讯设备调至静音或是关机状态，切不可面试过程中擅自接打电话，这是对主考官的不尊重，会影响整体形象。

6. 言谈适当，不可夸夸而谈

有些人在面试官提出问题之后，急于展示自己，结果滔滔不绝地讲了大半天，却都没有讲到关键点上，甚至风马牛不相及的事情都牵扯了进来，而主要问题则可能早不记得了。一个说话语无伦次的人，其思维必定是杂乱无章的，所以在同主考官进行交流时应当做到言简意赅，思路清晰，不可夸夸其谈，更不能自我炫耀。

7. 注意结束时的礼仪

面试结束时，面试者要主动起身告辞，面带微笑，表示谢意，离开房间时要轻轻带上门。离开公司时不要忘了向接待人员致谢、告辞。

办公室基本礼仪及禁忌

办公室可能是职场人士除了家以外，停留时间最长的地方，同时，办公室也是一个小社会，各种性格、特点的人都有，而要想更好地融入这个团体，与各种人和谐相处，就要遵守办公室礼仪，这样才能够赢得别人的尊重与认可。那么办公室基本礼仪都有哪些呢？

1. 严格遵守上下班时间

这里说的上班时间指的并不是来公司的时间，它指的是开始工作的时间。从进入办公室到开始工作，至少要有几分钟的准备时间。通常情况下，最好是提前10分钟左右到达公司，如果迟到，最好先道歉，再解释迟到的原因。下班时，要处理完手头的工作，对工作用品加以收拾、处理，之后方可离开公司。

2. 注意自己的穿着

对于初进职场的新人而言，在穿着方面不要走两个极端——过于新潮或者过于正统。尤其是女性，不可穿超短裙、低胸装等过于暴露的衣服，这容易引起男同事的猜测，也可能会让其开一些不雅的玩笑，也会引起女同事的反感。当然，也不可过于正统，以免给人呆板僵硬的感觉。一般来说，如果进某个公司上班，第一天可以稍微穿的正式一些，以后可以根据公司其他人员的整体穿着进行改变。假如大家都穿职业套装，最好也穿的正式点，假如其他人穿的相对随意一些，你也可以更为自然一些，总的来说，原则就是舒展，大方，得体，优雅，不可太俗、太艳、太随便、太奇特。

3. 与同事友好相处

办公室就是一个大家庭，需要与里面的人和谐共处，只有同事相处融洽，才能将工作做的更舒心，在人际关系上才能够左右逢源。在与同事相处时，要注意保持微笑，不管是已经相熟的还是只见过几次面的陌生同事，在与他们交谈的时候，要面带微笑，因为微笑是拉近距离的最好方法。另外，见到同事的时候要主动打招呼，对方向你打招呼的时候一定要积极回应，切不可冷漠相对或者视而不见。

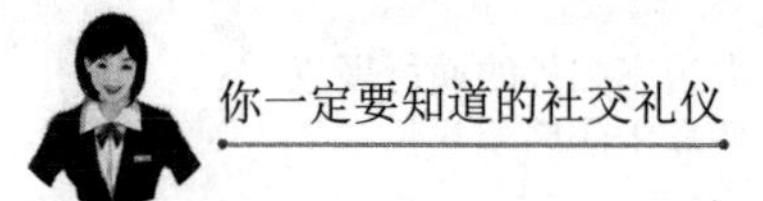

4.保持良好的工作态度

作为一个职场人士，最基本的要求就是：无论身居何职，无论是底层还是高层，无论喜欢还是不喜欢，都应当尽职尽责，兢兢业业，保持良好的工作态度，脚踏实地地做好自己的工作。

有些人没有最基本的敬业精神，交付给他的工作总是拖拖拉拉或是马马虎虎交差；还有一些人认为既然是给别人打工，没必要那么累死累活地出力，而且整天幻想得到一份轻松的工作，拿着丰厚的报酬，这种人永远找不到真正喜欢的工作，而且也做不好任何工作，其后果必定是被公司炒鱿鱼。

当然，知道了基本的礼仪后，还要了解办公室的禁忌，即哪些是在办公室不能说或是不能做的，如果不了解办公室禁忌，就可能因为失礼而失去良好的同事关系。一般来说，办公室禁忌有以下几种：

1. 忌大声说笑

有些人性格开朗，在很短的时间内就能够和别的同事打成一片，当然，性格开朗是好的，然而在需要约束的时候也要自我约束。例如，有些人和其他同事在办公室聊天的时候，说到高兴处往往手舞足蹈，喜不自胜，或是肆无忌惮地放声大笑，这必然会影响到其他正在埋头工作的同事，也会引起他们的反感。

2. 忌窃窃私语

在大家的印象中，好事都是不背着人说的，如果你和同事窃窃私语，咬耳朵，就会引起其他同事的猜测，甚至会让人对你的教养表示怀疑。

3. 忌说三道四

每个人都有自己的隐私，而每个人都希望被别人尊重，然而办公室里偏偏有些人总喜欢打探别人的隐私，而且喜欢对别人说三道四，这种人是最容易惹人反感的，大家往往会对其敬而远之。

4. 忌牢骚满腹

每个人在工作的时候都应当投入百分之百的精力和激情，保持高昂的情绪状态，即便在工作中遇到了困难，或是受了委屈，也不能牢骚满腹，对别人说个喋喋不休，这样做的结果要么招人讨厌，要么遭人鄙视。

5. 忌零食、香烟不离口

女孩子大都喜欢吃零食，往往抽屉里塞满了各种各样的零食，但是在工作的时候要注意不能吃零食，特别是旁边有人谈话或是接听电话时，嘴里千万不能嚼东西。而对于爱好抽烟的男士而言，在办公室里最好不要抽烟，原因有二：第一，这是出于对他人的尊重，避免污染环境；第二，抽烟会在身上留下异味，别人也不愿意与你接触。

6. 忌趋炎附势，溜须拍马

做人应当表里如一，光明正大，不可人前一套背后一套。有的人在领导面前充分展现自己的才能，处处争先争优，不怕苦不怕累，极尽溜须拍马之能事，然而在同事或是下属面前则推三阻四，行事懒散，长此以往，必定招惹同事的不满，而领导也会逐渐了解真相，对个人的前途是极为不利的。

7. 忌情绪化

每个人都有情绪，也难免犯情绪，但是要记住一点，不要将负面情绪带到工作中来，影响工作效率。一些人总是用“最近情绪低落”“失恋了”等当做推脱的借口，上司会很反感的。因此，职场人士要公私分明，在办公室上班的时候就要将个人情绪完全抛开，一心一意投入到工作中，共同维护良好的办公室氛围，这样才能够受到大家的接受和欢迎。

敬字为先，与上司默契配合

一个人在职场中，难免与上司接触，而在上司面前的个人表现良好与否关系到你在企业中的前途和个人的晋升空间。所以每个商务人士都应当掌握一些与上司相处的礼仪，争取与上司配合默契，并得到上司的青睐。作为下属与上司相处时要遵循以下礼仪：

1. 在上司面前要以礼相待

不论在哪种场合见到上司，都要面带微笑，主动问候，如上司正与他人聊天，可以手势问候或者点头致意；与上司面对面相遇时，要放慢行走速度，身体靠向墙的一侧，为上司让路，并点头致意；如果要进入上司的

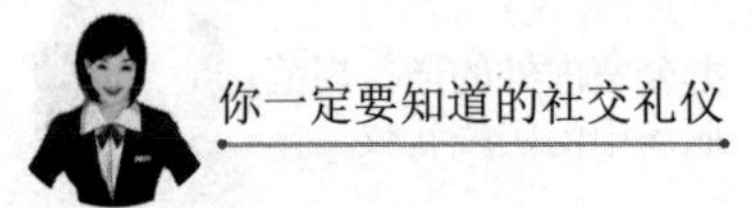

办公室，应当先轻轻敲门，得到允许之后再进入，谈话时不可东张西望；如果想要主动与上司会面，应当事先约见，得到应允后方可前往，不能未经允许就擅自进入上司办公室；如果有事情要找上司，而上司正在开会时，不可直接闯入会场，应当通过秘书进行联络。

2. 要懂得尊重上司

作为下级，在工作中要维护上司的尊严，尊重上司。遇到自己难以决断的事情，要向上司请教。不论上司年龄大小、阅历深浅、水平高低，都应当尊重其做出的决定，并能坚决执行。对于上司分派的工作，应当高效完成，如果完不成，要向上司说明情况。另外，如果对于上司的决策有疑问，万不可背后议论，更不能通过贬低上司来抬高自己。

3. 安分守己，不可“越位”行事

作为下属，做任何事情都要安分守己，不能“越位”，不能越俎代庖。因为，无论是决策越位、表态越位还是工作越位，都会让上司反感。身为下级，工作上要积极主动，善于表现自己，但是要注意适度，遇到重大事情不可自作主张，而是应当事先向领导征求意见。下级只有处在相应的位置，注意收敛和约束自己，才能够与上司和谐相处。

4. 不可探听上司的隐私

在与上级交流时，你可以多多了解上司的工作作风、行为习惯及个人性格，但是要注意，不能问及与其隐私相关的问题。每个人都有自己的隐私，如果一味地询问上司的隐私，不仅会引起上司的反感，而且也显示出你个人的整体素质，说明你是一个爱八卦、爱说三道四的人，这种人是得不到上司的重用的。

5. 与上司保持一定的距离

记住：上下级之间一定要保持适当的距离，不可太近，也不能太远。走得太近，会让人觉得你爱拍领导的马屁，引起同事的不满；而走得太远则会让领导感觉你冷漠、高傲、目中无人。所以与上司相处时要把握一个“度”，尤其是上司是异性时，更要注意这一点。

6. 谦虚诚恳

作为下属，应当谦虚诚恳地向上司学习，这样能够得到上司的赏识与钟爱；反之，如果下属高傲自大，自以为是，爱出风头，就容易引起上司的厌烦。此外，下属还应当表里如一，诚实，不虚伪，应当说老实话，办老实事，做老实人。当然，诚实也要讲究技巧，否则可能会因诚实而犯错误，招致领导的反感。

7. 要有绝对的忠诚度

每个上司都希望有一个忠诚的下属，在需要的时候，能够坚定不移地跟随自己，拥护自己，支持自己，为自己保密。因此，下属应当讲信用，重感情，够忠诚，这样一定能得到上司的信任。存有二心或是背叛都是上司最不能容忍的事情。

8. 注重谈话艺术

下属在和上司谈话时，除了要遵循基本的礼节之外，还应当注意与领导谈话的时机、场所及领导的心情等因素，知道什么该说，什么不该说，该什么时候说。另外，谈话时应当自然、亲切、从容、谦虚，万不可咄咄逼人、伶牙俐齿或者是哗众取宠、低三下四。

把握距离，与同事协同成事

在职场中，商务人士交往最多的就是同事，因此，与同事之间的关系如何，会关系到商务人士的个人发展和人际关系，想要处理好与同事之间的关系，就要注意下面的一些礼仪：

1. 以礼相待

同事之间相处，应当以礼相待，真诚共处，平日里不可嬉笑打闹，要保持工作中的一种互相团结、互相尊重的状态。另外，要尊重同事之间不同的个性，彼此要互相理解，同时，也要调整自己的个性中不太适应同事关系的一面，理解对方，完善自我。

2. 不要轻易许诺

对于自己没有把握的事情，不要轻易答应别人，而一旦答应别人，一定要兑现承诺，不管遇到多大的困难，否则就会失信于人，别人就会觉得你是个轻诺寡信的人，也不会再信任你。而对于自己替同事做好的事情，也不要总是挂在嘴边，唯恐其他同事不知道或是怕对方忘记。同事之间互相帮助是应该的，不能有任何目的性，既然你是真诚相助，那么帮完忙之后就不该四处炫耀。

3. 理智对待矛盾

同事在一起相处久了，难免发生一些矛盾和摩擦。而对于工作中遇到的分歧和矛盾，应当以宽容、豁达的态度去对待，分析矛盾出现的原因并想方设法去解决。不要因为一时沉不住气，就和同事大吵大闹，急于辩解，或者是互相推脱。对于出现的矛盾和分歧，只要心平气和地面对，并冷静地想出处理的方法，那么矛盾和分歧总是能够得到解决的。

4. 注意自己的言行

同事之间应当正大光明，坦诚相待。不可对他人说三道四，搬弄是非，也不可对他人在某方面取得了成就就心生嫉妒，甚至因此造谣中伤，寻衅报复。工作时间应当全心工作，不要闲谈无关的事情，工作之余可以聊天，但是要注意内容，不可东家长西家短地说个不停，也不要在背地里说别人的坏话。

5. 经济上要分明

同事之间平时的经济往来要清楚，不可为了照顾关系或者是体现自己的大方而在经济问题上随随便便，这可能会造成一些不必要的麻烦。特别是一些小数目，如果纠缠不清，时间一长，就容易产生矛盾，因为这些不起眼的小事破坏了双方的关系，就得不偿失了。而这类问题在职场中也是非常容易出现的，尤其要注意。

6. 作风要正派

作风正派包括勤奋、上进的工作作风和正派的生活作风。唯有勤奋工作并能够将工作出色完成的人，才能够赢得同事的赞赏。而正派的生活作风，则可以确保你正直的形象不至于被别人造谣中伤。

7. 竞争要公平

每个同事，既是合作者，又是竞争者，因为每个人都想游到上游，想用自己的表现得到上司的肯定，从而得到升职加薪的机会。但是，在面临晋升、加薪的时候，应当采取正当的竞争，不耍手段，不玩技巧，要凭借自己的实力，得到大家的肯定与尊重。如果采取了非正当的竞争手段，即便升了职，加了薪，你在同事中的形象也面目全非了。

汇报工作的基本礼仪

职场中的人每隔一段时间就要对自己的工作作出汇报，汇报的内容很多，其中包括过去的工作成绩、工作中存在的不足、对未来的工作计划等。一般来说，汇报的基本形式有三种——口头汇报、书面汇报和电话汇报。

1. 口头汇报

这种汇报形式的优点在于，时间可长可短，能够突出要点，在表达上比较灵活；它的缺点是，容易受到时间、地点及汇报人情绪的限制，往往丢三落四，难以全面而充分地汇报问题。

2. 书面汇报

书面汇报的长处在于能够全面、系统、深入、细致地反映情况，材料周全，思维缜密，论理充分；缺点在于时效性差。

3. 电话汇报

它的最大优势在于时效性强，不耽误工作；缺点则在于双方难以深入展开交流。

我们这里说的汇报礼仪，基本上是口头和书面礼仪。汇报工作的礼仪主要有以下几点：

1. 遵守时间，不可失约

在汇报工作时，要有极强的时间观念，确保准时到达。这是非常重要的礼节。如果到的过早，上司可能会因为没有准备好而难看，但也不能迟到，以免让上司等候过久而影响心情。如果迟到，应当先表示歉意，说明迟到原因。

2. 进办公室时应注意礼貌

到达上司的办公室时，应当先轻轻敲门，获得允许后才能进去。即便办公室的门敞开着，也应当先敲门，以便让上司知道有人要进来。另外，仪态举止要优雅大方，彬彬有礼，不能不修边幅。汇报时要站有站相，坐有坐相，语言要文雅简练，不可拖沓，表述要准确明了，不能模棱两可。

3. 汇报内容要实事求是，不可瞒报

对于自己的工作情况，要如实地向上司反映，不能只投其所好，歪曲、隐瞒工作内容，不可只报喜不报忧，有成绩要汇报，有困难也要汇报，以便及时找到解决办法。汇报工作时，不能东拉西扯，与工作无关的事情尽量不要汇报，更不要在上司面前“打小报告”。另外，语调、声音要大小适当，语速适中，语言简练，条理清楚，内容突出，让上司在很短的时间内就能了解你的工作情况。

4. 保持情绪稳定

汇报工作时，不可因为上司的赞赏而大为兴奋，甚至手舞足蹈，也不应因为上司的否定而心灰意冷，情绪消沉，即便自己是正确的，也不可顶撞上司，而是应当始终保持积极的正面态度。另外，上司在发表个人意见的时候，不要轻易打断，最好能在上司表述结束之后，再发表自己的观点。

5. 汇报结束后，如果领导仍旧兴致高昂，下属仍然要以礼相待

不可频繁看表，不可东张西望，也不能打哈欠，避免有不耐烦的体态语出现，否则领导会认为你对他的谈话不感兴趣。应该耐心地等到上司表示结束时才可以告辞。下属起身告辞时，要注意整理好自己的材料，领导送别时要主动说“请留步”“谢谢”等礼貌用语。

巧妙地对上司说“不”

有关机构曾经对职场人士做过这样一项调查：“当你与上司的观点发生冲突时，你会向他说‘不’吗？”调查结果显示：仅有的40%人认为可以向上司说“不”，其理由是，作为一名有礼有节、为企业着想的员工，要敢于向上司说“不”，因为只有敢于向上司说“不”的员工，才能够显示出自身的专业能力和坚持，才是真正为企业着想的员工；有25%的人认为，既然是给别人打工，就要听别人的管，所以凡事都应当听上司的话，上司指东则打东，指西则打西；而另外35%的人表示，在不涉及原则及利益的前提下，还是要以上司的话为标准，听从上司的指示。

在工作中，每个人都难免有与上司意见相左的时候，上司不是圣人，也有决策错误的时候，所以当上司错误的时候，你就要敢于对其说

“不”，并纠正他的错误，正确地说“不”，不仅体现了你对工作的尽职尽责，坚持原则，还有可能获得上司的赏识，使他认为你有才有识，不随波逐流，不人云亦云，敢于表达自己的想法，或许会对你有所重视或者提拔。而如果一味地附和上司，从不向上司提任何异议，那么他可能认为你才能平庸，难以重用。因此，在工作中，在必要的情况下，要敢于向上司说“不”，但是要注意说“不”的方式和礼节，一般来说，对上司说“不”有以下几种比较有效的方法：

1. 迂回法

对上司说“不”，切记不要直接拒绝，而是应当迂回转折，这样既达到了自己的目的，也保全了上司的颜面。特别是女下属对男性上司而言，这招更为奏效。例如，上司请你去吃饭，而你出于某种原因不想去，可以说：“能得到老总的款待，万分荣幸，我真心想去赴宴，不过今天的确有特殊情况，您看改天如何？”一般情况下，上司会尊重你的隐私，不会询问你具体的原因的。

2. 暗示法

当上司做出了不正确的决策，你又觉得难以执行或者无法执行，又不好意思对上司说“不”时，可以给上司某种暗示，如其中存在的种种困难，让上司自己觉察出决策的错误性，从而主动更改。

3. 提醒法

上司每天要处理很多事务，难免有做出错误决定的时候，有些决策可能是由于上司不熟悉，不了解某方面的情况而做出的，这时候可以提醒上司，一般地，上司认识到了错误所在，都会收回自己的决定或者是修正指令。

4. 拖延法

对于上司做出的错误决定，如果你唯命是从，立刻付诸行动，可能会带来不良的后果，但是如果当面拒绝，又会使上司难堪，所以在这种情况下，可以先从口头上默认，以缓解当时的氛围，之后以其他工作作为拖延的借口，等过一段时间，上司自己想明白了，认识到了自己的错误，就会将错误决定收回了。

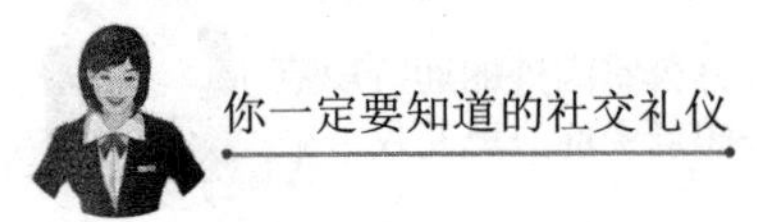

第六章 电话、电邮和信函里的职业水准
——通联中的应酬礼仪

随着高科技及电子产业的飞速进步和发展，在人际交往中，很大一部分交流都要依赖手机、电话、电邮这些高科技手段，而这些交流手段中要遵循的礼仪就是通联礼仪。虽然在手机、电话、电邮等的交流中，双方往往不会面对面地去沟通，但即便如此，商务人士也能够从电话、手机的声音中或电邮、信件的细节中观察出一个人的态度和修养，而这也往往关系到社交活动的成败。

接听电话的基本礼仪

电话是商务人士最常用的通讯工具之一，在工作中使用电话时的礼仪非常重要，它不仅关系到个人的声誉，还影响着一个公司的形象。电话人人都会接，但并不是每个人都能够掌握接电话时的礼仪。那么，对于商务人士来说，接电话需要遵循哪些礼仪呢？

1. 接听要及时

接电话时，只要电话铃一响，如果没有特别紧要的事，应当立即接听。因为接听电话是否及时，能够反映出一个人待人接物的真实态度。一般情况下，应当在电话铃响三声之内就接听，但也不要铃声一响就立刻拿

起电话，最好给打电话的人一个心理准备的时间。一般来说，在电话铃响第二声后再接听是最为合适的。

如果出于特殊原因而不能及时接听，那么在通话后应当立即进行道歉，如说声“对不起，让您久等了”。切不可因为个人情绪而表现出不耐烦的态度或者出现直接挂掉对方电话的情况。

2. 通话时要礼貌应对

接电话人员在拿起电话后，应当立即问候对方“你好”，然后通报自己所在的单位名称。等对方说明要找的人之后，应说“请稍等”，然后通知受话人接电话，如果对方要找的人不在，应当礼貌地向对方解释，可以说：“李先生（小姐）现在不在，有什么能帮您的吗？”另外，在通话时，一定要专心致志地接听，不可心不在焉，三心二意，甚至将话筒丢在一旁，任由对方自说自话。

通话中，嘴里不能吃东西，以免声音含混；不能打哈欠；不要在接听电话的过程中与他人说话或打招呼。为了表明自己一直在专心倾听对方的来电，接听电话者应当不时地轻声说些“嗯”“是”“对”“好”之类的短语予以回应。

3. 要面带笑容

接电话者拿起电话之后，一定要面带笑容。不要认为笑容只能通过面部表情表现出来，它同样能够通过通话者的声音传达出来。亲切、热情的声音能够让对方很快对你产生好感。而如果面无表情，声音也会变得冷冰冰的，会让人产生一种疏离感。通话时，最好使嘴巴与话筒之间保持4厘米的距离；要将耳朵贴近听筒，仔细认真地聆听对方的讲话。

4. 接电话分清主次

接听电话时，如果另一个电话也打了进来，不可置之不理。可先向通话对象解释原因，请对方稍等，然后立刻去接另一个电话。等接通之后，可先请对方稍等，或请对方过一会儿再打过来，然后再继续刚才正在进行的通话。但表达越简练，时间越短越好，否则等待的双方都会不耐烦。

如果在接待重要客人或是召开重要会议期间有人打来电话，而且此刻的确不宜与其详谈，可以向其解释说明，表示歉意，并可以另约一个具体时间，到时自己主动打电话过去。

5. 结束通话要礼貌

结束通话前，可以询问对方："请问您还有什么事吗？"或"还有什么要吩咐吗？"这既表示尊重对方，同时也是在提醒对方。最后，先等对方结束，然后再轻轻将电话放好，不能在对方挂掉电话之前就随手将电话一扣，这是极不礼貌的行为。

另外，接电话时还要保持口齿清晰，声音温和，音量适中，保证对方能够听明白，注意说话时要用普通话。

拨打电话也要讲究技巧

电话仿佛是突如其来的造访者，很多时候，它都会出其不意地响起来，如果给别人打电话时机会欠佳，对方就可能无心接听，或者敷衍几句就挂上，严重者也会对你恶语相向，从而让你吃一个闭门羹。所以商务人士拨打电话时要考虑如下问题：这个电话该不该打？打的是不是时候？该打多久？只有认识到并解决了这些问题，才能够大大地提高通话效率。

1. 是不是该打电话

通常时候，当你想要给对方打电话的时候，首先想一下，这个电话是不是有必要打，因为每个人的时间都是宝贵的。如果确实有事情，如通报信息、祝贺问候、联系约会及表示感谢等，都可以通过电话与对方联系。然而，如果电话毫无意义，没有内容，只是想跟人聊聊天的话，那么这个电话最好不要打，一来上班时间最好只谈工作事宜，二来对方的时间也是宝贵的，基本上不会跟你浪费时间，同时也觉得你不是一个称职的好员工。

2. 打电话的最佳时机

有时候，即便你需要与对方打电话，也要挑选好打电话的时机，如果时机挑选不对，别人要么不在公司，要么正在忙于其他事物，分不开身来理会你。所以说，打电话的时候要注意选择时机。一般来说，与对方通话之前，应事先约定好时间，并且双方约定的时间最好不要轻易更改。

打电话谈公务时，最好不要选择在对方刚刚上班或是即将下班的时

候，可以在上班10分钟之后或是下班半小时以前拨打。这个时候，对方能够比较从容地接听并回答。要想获得更好的通话效果，最好选择在周一至周五期间拨打，因为谈公务的时候最好在上班时间，尽量不要占用私人时间，尤其是节假日。

除了特别重要的事情外，最好不要在以下时间打电话——早晨七点、对方用餐时间、午休期间、晚上十点半以后。

如果临时出现了紧急情况而需要将电话打到对方家里的时候，接通电话后首先要说声“对不起”表示歉意，而且尽量不要选择对方在用餐、睡觉、过节及过周末时拨打。

与外商通电话时，首先要考虑对方的作息时间。打电话去海外的话，还要注意彼此之间存在的时差，否则就会出现半夜被电话骚扰的情况。

3. 掌握通话时间

商务人士在拨打电话之前，一定要想好这次电话的主要内容，尽量能够简短说明，除非万不得已需要长时间通话，一般情况下，通话时间要遵循“三分钟原则”：拨打电话的一方应当有意识地、自觉地将每次通话的时间限定在三分钟之内，不要超出太长时间。如果在三分钟之内说不完整，就要首先说出你要办的事情，并且补充问一句：“您现在方便和我谈话吗？”假如对方不方便，就应当再约其他时间通话，不要纠缠不休。

目前，“三分钟原则”已经被商界人士默认为标准的通话时间。所以商务人士在打电话之前，应当做好充分的准备，先将自己要表达的内容有条不紊地整理出来，这样打电话的时候就能够思路清晰，表述得更有条理，就不会因为事先没有准备而导致临时慌乱，啰啰嗦嗦，表达混乱。

使用手机的礼仪规范

随着全球移动通讯业务的快速发展，手机成了商界人士不可或缺的、使用最为频繁的一种通讯工具，商业人士几乎人手一部，有些人甚至同时有几部商务专用手机。手机迅速流行后，不管是在工作场合还是其他场合，我们经常看到有人对着手机高声嚷嚷，完全不顾及别人的感受。近年来，手机礼仪越来越受到人们的重视，而作为商务人士了解并遵守手机礼仪也是非常必要的。

对于商务人士而言，使用手机时应当注意两点：一是不应当故意炫耀、故意展示；二是使用手机时要注意照顾他人，不能干扰到他人。在人际交往中，特别是出席庄重的场合时，如谈判、会晤、参加会议或仪式、出席宴会或观看演出，不可当众使用手机，以免影响或者干扰他人。参加正式活动时，最好将手机关机或调至振动状态，以免不合时宜地发出不和谐的声音。具体来说，商务人士应当遵守以下使用手机时的礼仪：

1. 正式场合不可故意展示手机

出席正式场合，随身携带手机的人，尽量要将它放在不易被别人觉察的地方。如果携带的是体积较小的手机，则应当将其放在公文包或西装上衣内侧的口袋里，也可以将其别在腰带上。

2. 保持手机联络畅通

使用手机的目的是为了能够与外界取得更方便的联系，商界人士不仅要重视这一点，而且还需要对此采取一些行之有效的措施。例如，按时缴纳手机费用，避免因停机而错过重要电话，耽误他人联络；应当将自己的手机号码准确无误地告知对方，口头告知时最好能够重复一两次，以验证其正确性，避免出差错；换手机号码时要及时通知通讯薄上的联系人，以免和他人中断联系；必要时，也可将家中的电话号码告知对方，以备不时之需。

3. 公共场合注意礼貌使用手机

在公共场合，特别是楼梯、路口、人行道等地方，不能旁若无人地使用手机，要尽可能地降低自己的声音，以免引起他人的反感。

4. 会议或商务洽谈时将手机设置成静音

参加会议及与他人进行商务洽谈时，最好将手机关掉，起码也要调到静音状态，这样既能够显示对他人的尊重，同时又不会打乱现场的氛围，打扰别人的思路。否则，这种情况下，手机时不时地铃声大作，时不时地接别人的电话，就会破坏气氛，打断别人的谈话，这是对他人的不尊重，同时也体现出了个人的不良素质。

5. 特殊场合勿打电话

在特定场合，如观看演出时打手机是不礼貌的，如果有重要事情非要回话，可以短信方式回复。

6. 商务会餐时将手机调至静音

进行商务会餐时，也要将手机关机或调到静音状态。否则，众人正吃到兴头上，聊得酣畅淋漓的时候，突如其来的铃声会搅扰了大家的兴致。

7. 乘坐飞机时确保手机关机

不管业务多么繁忙，外出旅行、乘坐飞机的时候，一定要将手机关掉。

8. 选择正式的手机铃声

手机铃声最好正式一些，不要选用搞笑或怪异的铃声，并且铃声最好能够符合自己的职业身份。

此外，随着手机短信被越来越广泛地使用，它也成为手机礼仪要关注的焦点。而短信的铃声与来电铃声同样都会发生聒噪的声响，所以在正规场合或是参加人际交往的时候，即便使用手机接收短信，也要将其调整至振动或者静音状态，而且不能当众查看短信，如果一边和人洽谈，一边不停地看短信，别人会觉得你对他的谈话心不在焉，导致其对你产生反感。

电子邮件交流的礼仪要求

电子邮件又称电子函件或电子信函，指的是利用电子计算机通过互联网络向交往对象发送的一种电子信件。电子邮件有很多优点，与传统的信函相比，它不受时间、地点的限制，可以随时发送，而且瞬间能够到达，比传统书信安全、迅捷；而与打电话或发短信相比，电子邮件能够将事情讲述得更清楚、更明晰、更有条理，也更正式，能够将在电话中或短信中讲不清楚的事情彻彻底底地表述明白。所以电子邮件越来越受到商务人士的青睐。在使用电子邮件时，商务人士应注意以下礼仪问题：

1. 标题明确，内容简洁

电子邮件的标题要明确且要具备描述性。电子邮件一定要注明标题，因为要发送的对象可能每天收到很多邮件，如果标题不够明确，对方可能

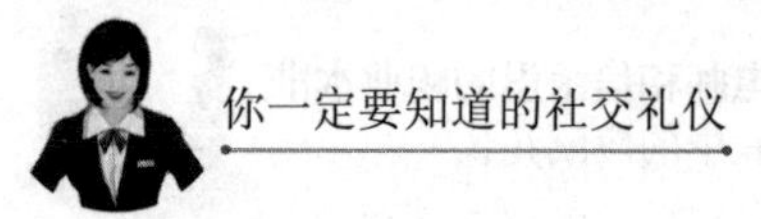

就因为难以注意到你的邮件而将其忽略。此外，标题还应当写得具有描述性，必须是与内容有关联，让人一眼就能知其大意。

电子邮件的正文要流畅、通顺，便于收件人正确阅读和理解，避免写生僻字、异体字，更不要出现错别字，尽量不使用表意不清的网络语言。正文要简洁，避免长篇大论，但是一定要逻辑清楚，条理通顺，思维不能太过跳跃，以免让对方误解或摸不着头绪。

2. 电子邮件不可滥用

在信息如此发达的社会，每个人的时间都无比珍贵，如果没有必要，不要轻易地给他人发送电子邮件，更不要通过电子邮件闲聊与工作无关的事情。另外，收到重要的电子邮件后，应当第一时间回复。

3. 确保电子邮件的安全

发出电子邮件之前，最好用杀毒软件将要发送的文件扫描一遍，以防将病毒传染给他人，最好将要发送的信息写在邮件的正文中，尽量不使用附件形式。

4. 注意编码问题

由于中国内地与港澳台地区及国外一些国家的中文编码存在差异，故而通信时时常会出现乱码的情况。因此，当你向港、澳、台及其他国家和地区发送中文电子邮件时，应当用英文注明自己使用的中文编码系统，以保证对方能够正确地收到你发送的电子邮件。

5. 发送前确认接收对象

发送电子邮件之前，一定要确认发送对象是否正确，以免造成不必要的麻烦。如果需要将信函复本转发给相关人员以供参考时，要注意删除不必要的垃圾信息。

6. 注意在电子邮件的结尾署名

对于不同的收信对象，会有不同的署名，但是不管怎样，信件的结尾都要署名，好让对方知道这是谁发来的信件。邮件发送之前，要从头到尾再检查一遍，看看有没有存在文法上的错误、逻辑上的错误及其他的错别字等。特别是发给上司及客户的信件，发送之前更要注意检查。

7. 定时清理邮箱

由于当代人使用电子邮箱越来越频繁，导致每天都会收到很多邮件，

其中有不少垃圾邮件，要定期清理邮箱，删除垃圾邮件。另外，应当及时将有用的电子邮件地址保存在自己的通讯簿中，这样，下次使用的时候就方便查看了。

商务信函写作礼仪

书信是我国最为古老的交流传递信息的方式。在古代，人们可以在书信中向亲人或朋友述说自己的近况，或报平安，或诉苦恼，一切情感及言语都能够通过书信表达。而当代社会，书信仍然有着其不可替代的作用。如在商务活动中，商务书信就有洽谈生意、交流信息及讨论磋商等功用。虽然在社会的快速发展过程中，涌现出了更为现代、更为快捷的通信工具，如手机、传真机、电子邮件等，而且它们在现代商务活动中逐渐普及，但是书信仍旧有着其他通信方式所难以代替的功能，在现代商务通联中仍旧占有不可或缺的地位。

在商务信函中，不必费心撰写华丽的辞藻，不必通篇都是优美的词句，商务信函应当尽量用最为简单、最为朴实的语言准确地表达自己的意思，让对方了解自己所描述的内容就可以了。以下是在商务信函的写作中要遵循的几点礼仪要求：

1. 书写口语化

商务信函是商务人士互相交流的工具，每封信函都体现出了商务人士的想法和认识。人都是有着丰富情感的，所以商务人士最好能够在信函中体现出真实感情的一面。但是，很多人对此却存在误解，认为商务信函一定要用正正经经的规范语来写，殊不知，那样的文字不仅显得呆板、僵滞，而且也体现不出自己的诚意来，因为它显得太过普通化了，毫无真情实感在里面。其实我们简单想一下，既然信函是交流工具，那么每次信函的往来就相当于跟对方进行了一次纸上的谈话，所以写信的时候只有尽量口语化，才能够让对方读信函的时候感受到你的热情和友好，甚至让对方感觉你好像就坐在他对面跟他聊天一样亲切、自然。

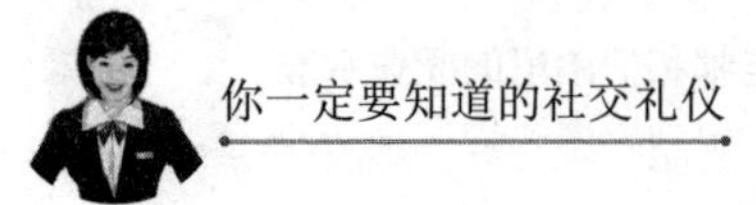

2. 语气、语调要合适

写商务信函的时候，都有一定目的性，所以在信函中要通过合适的语气、语调来反映出自己的目的性。写之前可以细细思量，这封信到底是要达到何种目的？希望这封信对收信人产生什么影响呢？是表示歉意的、劝说性的，还是坚决的、要求性的呢？这些都可以从信函的语气、语调中体现出来。

3. 态度要礼貌

这里说的态度要礼貌，并不是说仅仅用一些礼貌用语就可以了，而是从整体的态度上要为他人多考虑、多体谅对方的心情和处境，做到将心比心，如果能够以这种态度去跟人交流，相信他人大都会被你打动，也更乐意同你合作。即便这次合作不成功，也不会因此丧失掉今后合作的机会。

尤其应当注意的是，如果观点存在分歧，一定要理解并尊重对方的观点。假如对方的观点错误或对你指责过度的话，不可唯唯诺诺或是只顺从对方的意愿行事，而是应当有理有据地予以辩解，显示一下你的高姿态，陈述你的观点，但是注意表达的时候要注意利益方面的问题，切勿使用攻击性及冒犯性的语句。

4. 表述清楚，简单明了

写商务信函的时候，一定要保证表述信息要清楚，简单明了，尽量用简短的语言表达清楚自己的意图，切勿长篇大论，东拉西扯，言不及义。如果出现了不符合主题或对信函的目的不能产生作用的内容，一定要删掉，因为这些杂乱的内容不仅会阻碍双方的沟通，也暴露出你的思维不够明晰，分不清主次。

在商务信函中，如果涉及数据及其他具体信息时，如时间、地点、价格、货号等，尽可能做到准确无误。这么做不仅能够使双方交流的内容更为清楚，同时也有利于加快工作的进程。

5. 感情要真挚，不浮夸

不论是生活中友人之间交往的信函还是生意场上的，最重要也最关键的因素是感情要真诚，所以说，在写信函的时候，不管写什么，都一定要带着十足的诚意去写，尽量体现自己的真诚。当然，表达的时候要朴素、真实，不能浮夸，否则会给人一种虚伪、夸夸其谈的感觉。

6. 细心检查

信函写完之后，一定要细心检查一遍。看看正文中有没有错别字和语法错误，这是最为基本的，然后检查一下自己提供的数据、事实等是否有误。这一环节不可大意，因为即便在你的信函中存在一个极小的失误，也可能会影响在沟通方面的可信度，暴露出你的马虎大意来，导致他人对你描述的其他信息也表示怀疑。

言辞恳切，写好感谢信

所谓感谢信，就是商务人士为了向对方的邀请、问候、关心、帮助和支持做出感谢而专门使用的应酬礼仪书信。

感谢信的对象和事迹一般都与要写感谢信的人有直接的关系，所以写感谢信的时候，要情绪饱满，感情浓郁，情感要自然流露，不可做作，不可矫饰，要将对方的好思想、好作风及光荣事迹全都写出来。感谢信不只有感谢之意，同时还有内在的表扬之意。

1. 感谢信的特点

（1）感谢信要有明确的感谢对象，否则可能感情真挚地写了洋洋洒洒的一封感谢信，大家却不知道你在感谢谁，那样就闹笑话了。

（2）感谢别人要将具体的时间写出来，如果只是一堆空洞无力的感谢语，就会缺乏真实性和说服力。

（3）感谢信中的词语要有强烈的感情色彩，要充满感激之情。

2. 感谢信的种类

依据不同的标准，感谢信可以分为不同的种类。

（1）根据感谢对象的不同，可以分为以下两种：感谢对象是集体的感谢信。这种感谢信一般是个人处于某种困境时，得到了来自集体力量的援助，并最终帮助自己克服了困难，走出了困境，所以要写感谢信感谢集体无私的帮助；感谢对象是个人的感谢信。这类感谢信主要是为感谢具体曾经帮助过自己的某个人而写的。

（2）以存在形式来划分，感谢信包括以下两种：公开张贴的感谢信，

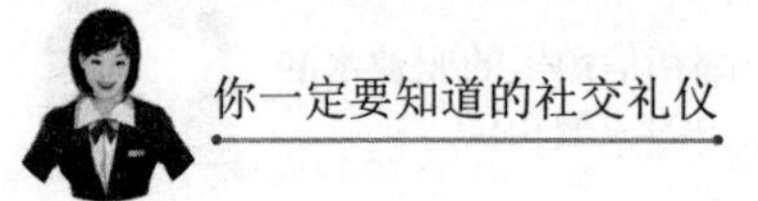

这种感谢信的公开形式包括登报、广报及电视台播报等；专门寄向单位或个人的感谢信，这种感谢信可以直接邮寄给单位或个人。

3. 感谢信的格式

感谢信通常有标题、称呼、正文、结语和落款五部分构成。

（1）标题：感谢信的标题的写法有这样几种形式：“感谢信”——单独由文中名称组成的；“致×××的感谢信”——由感谢对象和文中名称共同组成的；“××街道致××剧院的感谢信”——由感谢双方和文中名称组成的。

（2）称呼：开头顶格写被感谢的机关、单位、团体或个人的名称或姓名，并在个人姓名后面附上“同志”等称呼，然后再加上冒号。

（3）正文：感谢信的正文从称呼下面一行空两格开始写，要求写上内容和心情。应分段写出以下几个方面：

① 感谢的事由：概括叙述感谢的理由，表达谢意。

② 对方的事迹：具体叙述对方的先进事迹，叙述时务必交待清楚人物、事件、时间、地点、原因和结果，尤其重点叙述关键时刻对方给予的关心和支持。

③ 揭示意义：在叙述事实的基础上指出对方的支持和帮助对整个事情成功的重要性及体现出的可贵精神。同时表示向对方学习的态度和决心。

（4）结语：写感谢信时最后要写表示敬意的话、感谢的话。如“此致敬礼”“致以最诚挚的敬礼”等。

（5）落款：感谢信的落款署上写信的单位名称或个人姓名，并且署上成文日期。前者在上，后者在下。

4. 写作感谢信的注意事项

（1）内容要真实，评誉要恰当。感谢信的内容必须真实，确有其事，不可夸大溢美。感谢信以感谢为主，兼有表扬，所以表达谢意时要真诚，说到做到。评誉对方时要恰当，不能过于拔高，以免给人一种失真的印象。

（2）用语要适度，叙事要精练。感谢信的内容以主要事迹为主，详略得当，篇幅不能太长，所谓话不在多，点到为止。感谢信的用语要求是精炼、简洁，遣词造句要把握好一个度，不可过分雕饰，否则会给人一种不真实、虚伪的感觉。

第七章 在迎来送往中争取印象分
——迎送中的应酬礼仪

很多人出于工作的需要，都会参加商业接待，在接待过程中，礼数是否周到，照顾是否齐全，是否能够让客人感受到你的热情和诚意，是否能够让客人高兴而来，满意而归，这些都关系到商务活动能否顺利进行，而要想做好这些招待活动，掌握迎送礼仪是不可或缺的。

在迎来送往中树立良好的商务形象

迎来送往在商务活动中很常见。伴随着业务的不断增加，与其他企业间的交流不断增多，来宾日益增多，企业的迎送工作也就显得异常重要。迎送礼仪能够体现一个企业的内涵和素质，也会影响该企业在来宾心目中的商务形象。所以为了能够展现良好的礼仪和风度，在宾客到来之前，企业应当做好充分的计划和准备。

1. 掌握来宾情况

在来访的宾客中，有些是受到了企业的邀请前来拜访的，有的则是自愿来的。不论来宾是主动来的还是受到邀请来的，都应当了解清楚情况，为下一步做好接待工作打下基础。

一般来说，需要掌握的来宾情况主要包括：来宾的人数、姓名、性

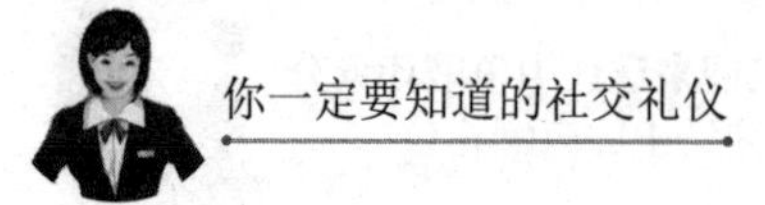

别、职务，来访的目的及要求，来访的路线、交通工具，抵达及离开的具体时间等。对于重要来宾，还应当了解其生活习惯、个人爱好、饮食禁忌等。

2. 确定迎送的规格

通常来说，迎送的规格主要取决于三个方面，即来宾的身份和目的、我方与来宾之间的关系及往常惯例。主要迎送人的身份应当与来宾的身份相差无几，以对口、对等最佳。假如当事人因故不能亲自出面，或不能保证身份上的对等，就可以做出适当的变通，由职位相当的人士或副职出面。另外，如果当事人因某种原因未能出面，应当出于礼貌向对方做出解释。唯有来宾与我方关系特别密切，或我方出于某种特殊需要方可破格接待。否则都应当一律按照常规接待。

3. 掌握来宾抵达及离开的时间

迎候人员应当准确了解来宾抵达的时间，方便提前去机场（或车站、码头）迎接，以表示对来宾的重视。对于接待方来说，只能去等候被接待一方，而不能由被接待方等候接待方。我们想一下，如果来宾经过千山万水来到了目的地，一下飞机、火车或轮船就立刻看到有人在等候接待，心中一定感到非常愉悦，有一种宾至如归的感觉。但是如果接待方迟到，来宾就会感到万分的失望和焦虑不安，认为接待方的迎接工作没有做好，自己千里迢迢来到这个地方，居然遭受了冷落，肯定也会影响企业在来宾心目中的印象。同样，送别人员也应当了解来宾离开的准确时间，好提前到达来宾住宿的宾馆，将其送到机场（或车站、码头），也可以直接前去等候，与来宾道别。在来宾上飞机、轮船或火车之前，送行人员应当握手道别。等飞机起飞或火车、轮船开动之后，送行人员应当向来宾挥手致意。如果来宾刚登上飞机（或火车、轮船），送别人员就匆忙离去，也是一种不礼貌的行为，尽管只需要在那里等上几分钟，但是却可能因为这几分钟因小失大。

4. 做好接待的准备工作

得知来宾抵达的日期之后，应当首先解决其住宿问题。在对方尚未启程时，要先问明白对方是否已经自己联系好了住所，如果没有联系好，或者对方初到此地的话，则可以为其预订住所，最好是条件、规格稍好的旅

馆房间。等客人抵达之后，通常只需要稍微寒暄几句，就可以先将客人送至旅馆处，让其安顿下来，在行车的途中可以简单介绍一下情况，征询一下对方的意见。客人到达的当天，最好只谈第二天的安排，其余的行程可以根据实际情况灵活变动。

完美握手的五点提示

出席各种商务活动的时候，出于礼貌，双方人员都会象征性地握握手，握手看似是一个简单的动作，但是它也有一套规范的礼仪。如果不懂这些礼仪，恐怕会被他人暗暗耻笑，从而有损你的职业形象。

1. 标准的握手方式

行至距离握手对象约1米处，双腿立正站直，不可交叉站立，不可双腿叉开，不可有其他异样动作，上身略微前倾，伸出右手，拇指张开，其余四指并拢，与对方轻轻相握，握手的力度要适中，上下稍晃动三四次，即可松开手。与人握手时，要面带微笑，表情自然，神态专注，目视对方，动作放松，在与人握手的同时要向对方问好。

2. 握手也要讲究先后顺序

如果是男女之间握手，男方要等女方先伸出手后才能握手，假如女方不肯伸手，没有握手之意，男方可用点头或鞠躬向其致意；假如是宾主见面，主人应当先向客人伸手，以示欢迎；如果是长辈与后辈握手，则后辈要等长辈先伸手；上下级之间握手的话，下级要等上级先伸手后，再与上级握手，以示尊重。多人握手时切忌手臂交叉，最好在别人握完之后，再与他人握手。握手时，精神要集中，双目要注视对方，切不可东张西望，也不能与对方握着手而与其他人说话，这都是非常不礼貌的表现。

3. 握手力度要适中

当双方握手时，为了表示热情友好，应当稍微用力，让对方从手的接触中感受到你的热情欢迎，但注意力度要适中，不可太过用力，万不可让别人有疼痛感。一般情况，握手不必用力，只需要握一下即可放手。另外，男士与女士握手时，男士的手不能握得太紧，否则就被视为失礼之举，很多西方国家男女握手的时候并不是全握，往往只是握一下女士的手指部分，老朋友除外。

4. 握手时间有长短

握手时间的长短可以根据双方的关系及亲密度而定。一般来说，如果双方是初次见面，握手时间应当控制在3秒之内。对于初次见面的异性，万不可握住对方的手久久不松开。即便是同性的手，握的时间也不宜过长，否则对方想抽都抽不回，场面也会显得异常难堪。但是握手时间也不能过短，时间过短的话，对方会认为你高傲冷淡，敷衍了事，对其不够重视，所以握手的时间要掌握好一个度，如果你感觉到对方想松手的时候，最好先松手。

5. 握手的禁忌

握手时，不要戴着手套或戴着墨镜，如果戴着的话，握手的时候一定要摘掉。另外，握手的时候态度要端正，不能将一只手揣在口袋里。握手时，不可点头哈腰，过分客套，这样会显得自己地位低下，卑微，缺乏自信，也不能狂妄自大，目中无人，最好自然大方，体贴亲切。与基督教徒交往时，切记不可交叉握手，因为这种形状类似于十字架，在基督教徒看来，这是非常不吉利的。而在和阿拉伯人或印度人打交道的时候，不可用左手与其握手，因为他们认为左手是不洁净的。另外，除了长者之外，人握手的时候不能坐着，而是应当迅速地起身站立。

乘车座次与上下车礼仪

在商务场合中，乘车时候的座次是有讲究的。作为商务人员，应当了解一些乘车座次方面的礼仪，这样在接待宾客的时候就能知道哪个位置是首席，哪个位置应当让来宾坐，就不会出现因为胡乱坐错位置而导致尴尬场面的发生了。

一般来说，在商务活动中，商务人员经常乘坐的车型分为以下三类：

1. 小轿车

（1）主人亲自开车时，小轿车上的座位以驾驶座右侧为上席，后排

右侧次之，左侧再次之，后面的中间座为末座，前排中间座则不宜安排客人。

（2）在有专职司机驾驶的情况下，后排右侧为上座，左侧次之，中间座位再次之，前座右侧靠后，前排中间为末座。

（3）主人夫妇驾车时，主人夫妇应当坐在前座，客人夫妇坐后座，男士要主动为女士服务，如上车的时候开门让女士先上，下车时要先下车，然后为女士开车门。

（4）假如主人夫妇搭载友人夫妇的车，就应当邀友人坐在前座，友人之妇坐在后座，或者让友人夫妇都坐在前座。

（5）当主人亲自驾车，而坐车的人只有一位时，应当坐在副驾驶座上。如果载了多人的话，中途前座的客人下车后，后面坐的客人要改坐前座，这一项礼节也是最容易被忽视的。

（6）女士在上车的时候，不要一只脚先踏入车内，更不能爬进车子。正确的上车姿势应当是先站在座位边上，降低身体，将臀部放在座位上，然后将双腿并拢收进车里，注意双腿一定要保持合并的姿势。

2. 吉普车

吉普车的座次很简单，不管是主人驾驶还是司机驾驶，前排右座都是上座，后排右侧次之，后排左侧为末席。上车的时候，后排位低者先上车，而前排位高者后上。下车时，前排客人先下，后排再下。

3. 旅行车

在接待团体客人的时候，不少公司往往会用旅行车接送。一般来说，旅行车以司机座位后面的第一排即前排为尊，位次依次下降，且座位的尊卑依照每排右侧向左侧递减。

商务人士在乘车的时候，不仅要注意座次的礼仪，还要注意上下车时的礼仪。一般在上车前及下车后都有严格的礼仪要遵守。

1. 上下车顺序

在商务场合中，如果有女士、长辈、上司或嘉宾同座，应当请他们最先上车，最后下车。

2. 双排座轿车注意事项

如果与女士、上司、长辈或来宾共同坐在双排座轿车的后排的话，应当请后者从车的右侧后门上车，在后排右座就座。之后，应当从车后绕至车的左侧后门，入座于后排左侧。行至目的地，如果没有专人负责开车门，那么商务接待人员应当先从左侧后门下车，从车后绕行至右侧后门，为女士、长辈、上司或来宾打开车门或协助他们下车。

3. 乘坐三排座轿车时的礼仪

商务接待人员与来宾乘坐带有折叠椅的三排座轿车时，按照惯例，商务接待人员应当坐在中间一排的加座上，并最后上车，最先下车。

4. 自身应遵守的礼仪

自己上下车时，注意动作要轻柔优雅，关车门时不要太过用力，在车内不要吸烟。商务接待人员还应当主动地为来宾开关车门。具体来说，来宾准备上车时，商务接待人员应当抢先一步为来宾拉开车门。打开车门时，应尽量将车门全部拉开，下车时同样如此。

迎客进门的应酬礼仪

以礼待人、礼尚往来是中华民族的传统美德。随着社会的进步和人类文明的发展，在人际交往中，人们在接待方面的礼仪也更加完善和丰富。而对于商务人士来说，接待更是商务人员在公务活动中一种最为常见的工作。商务人员接待质量的好坏，不仅关系到接待人员自身的形象与素质，也会影响到他所在企业的整体形象。所以接待礼仪历来被商务人士所重视。一般来说，接待礼仪应当遵循如下原则：

1. 迎客礼仪

作为商务接待人员，首先要品貌端正，口齿清楚，举止大方，亲切和善，有一定的文化素养，受过专业的礼仪、形体、语言、服饰等全方位的培训。在接待来宾时，要面带微笑，热情周到。假如来宾是熟人，可主动向前握手，互致问候。如果来宾是陌生人，接待人员应当主动自我介绍，然后询问来宾的情况。假如迎接的是大批客人，则应当事先准备特殊的标志，方便来宾主动前来接洽。

来宾到公司后，应当由接待人员引导至会客室。在引领客人的时候，

可能要经过公司几个不同的场所，商务接待人员应当留意下面几个特殊的地方：

（1）走廊：将要走到走廊的时候，接待人员应当走在客人前面两三步的地方，让客人走在走廊的中间，将要转弯时要提醒客人："请往这边走。"

（2）楼梯：引导客人上楼时，应当让客人走在前面，接待人员走在后面，如果下楼则应当由接待人员走在前面，客人走在后面。上下楼梯时，接待人员要注意安全。

（3）电梯：引导客人乘坐电梯时，接待人员应当先进入电梯，按住开门的按钮，等客人进来之后再关闭电梯门。而出电梯时，接待人员应当主动为客人按开门按钮，让客人先走出电梯，自己再接着走出去。

2. 待客礼仪

对于来访的客人，不论其身份高低，是否熟悉，都应当一视同仁，热情对待。即便客人在你没有准备的情况下突然造访，也应当迅速整理一下，并对客人表示歉意，然后按常规礼仪去接待。

商务人士看到客人来访时，应当主动走上前去，引领客人进入会客室或公共接待区，并为其倒杯水，让其稍稍等候，然后去通知客人要会见的人。如果客人想要会见的人不在公司，应当先向客人致歉，然后问客人是否可以由代理人出来会面，或是请客人留下他的联系方式。如果客人想要会见的人不方便会客，接待人员可以以其正在开会或正在会客为由婉拒，然后询问是否可以由其他人出面代理。

在同客人交谈的过程中，应当不时地为其续上茶水。如果客人到达时正好是用餐时间，则可以邀请客人共同进餐。如果客人远道来访，应当尽力为其安排住宿。

3. 接待礼仪中的细节问题

商务接待人员在招待客人时，应当时刻注意自己的言行，努力做到"三到"，即眼到、口到、意到。眼睛是心灵的窗户，眼神能够显示出一个人的内在状态，所以接待人员的眼神应当饱含热情，双目正视对方，与对方进行目光交流的时候，要流露出热情和笑意。而与客人进行语言上的沟通时，注意言谈要恳切，语言要通俗顺畅，言语间要富有温情。同时还要注意神态方面的礼仪，做到表情自然大方，举止优雅妥帖，神态端正和蔼，这样就容易给客人留下一个美好的印象，能够促进商务双方的合作。

商务接待是表达主人情谊、体现修养和素质的重要环节。在商务接待中，如果能够恰到好处地运用应酬礼仪，就能够让来访者高兴而来，满意而归，从而能够巩固双方的合作关系，并取得最终的胜利。因此，对于经常出席商务场合的人士而言，如果想要给访客留下一个深刻而美好的印象，就要遵守并能够执行接待访客时的礼仪规范。

送客出门的应酬礼仪

送客礼仪在接待工作中是最后一个环节，这个环节处理的好坏与否直接影响到整个接待工作的效果。这个最后的环节处理失当的话，可能会使整个接待工作前功尽弃，所以接待工作一定不能虎头蛇尾，要善始善终。在应酬礼仪中，送客时应注意以下几点：

1. 婉言挽留

不论接待的是何类客人，客人准备告辞的时候，主人都应当婉言相留，不要客人刚要说走，主人马上就起身相送或起身相留，这都有逐客之嫌。因为有些客人可能还想继续与主人交谈，但是怕时间过长影响主人或是试探一下主人的态度，便以“告辞”为借口来观察主人的反应，所以主人一定要婉言相留。假如客人执意要走，也要等对方先站起身后，主人再起身。送客的时候，主人要主动与客人握手送别，并将其送到门外或是楼下，不要在客人离开的时候无动于衷，或仅摆摆手或点点头就算是打了招呼，这都是极不礼貌的。最后，客人离开的时候，还要热情欢迎客人下次再来。

2. 安排交通

送客时候的礼仪应当参照迎客时，不管商务双方的目的是否达成，都要对客人善始善终。客人离开的时候，要做好交通方面的安排，如为其购买好车票（或船票、机票）或安排车辆等。假如客人离开的时候，主人不闻不问，任之由之，那就意味着今后可能就不会再有商业合作了。

3. 赠送客人一些礼品

假如客人来访的时候带有礼品，那么在其离开的时候，出于礼尚往来

的需要，主人也应当回赠一些具有象征意义的礼品，以示礼貌。

递送名片大有讲究

在商业交际中，名片可以说是一个人的“第二身份证”，是一个人的介绍信和社交联谊卡，同时也是商务人士的必备沟通工具。一般来说，名片中包含以下两方面的信息：一是让对方知道自身所在的单位；二是标明自身的职务、姓名、联系方式及承担的责任。名片虽小，但是在人际交往中，它的作用却是很大的。如果使用不当，不仅会影响个人的形象，甚至有可能会让你丢掉一笔生意。

某公司新建了一座办公大楼，需要添置数百万的办公家具。该公司的总经理决定从A公司购买这批家具，各方面都已经谈妥，就差在订单上盖章了。有一天，A公司的销售部负责人给总经理打来电话，要亲自登门拜访，总经理打算等对方来了之后就直接在订单上盖章，这笔生意就算达成了。

不料该负责人比他们约定的时间早到了两个小时，原来对方听说这家公司的员工宿舍也要在近期建成，希望宿舍的家具也能够从A公司处购买，而且还带了一大摞的材料。总经理此时手头有事情要处理，于是请秘书让对方稍等一会。这位销售负责人等了不到半个小时就坐立不安了，边收拾资料边说：“我还是改天再来拜访吧。”这时候，总经理发现对方在收拾资料的时候，自己刚才递送的名片掉在了地上，对方没有察觉，走的时候无意中还从名片上踩了过去。虽然这只是个无心之失，但是总经理却改变了从A公司购买家具的计划。就这样，A公司不仅没有谈成员工宿舍家具的生意，甚至连几乎到手的数百万元办公用具的生意也丢掉了。

从上面这个故事，我们能看到名片在商业交往中起着何等重大的作用。那么商务人士在使用名片时应当注意哪些方面呢？

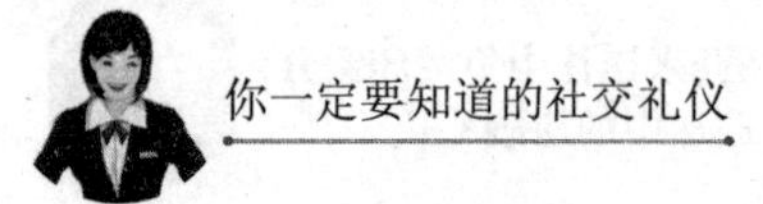

1. 名片使用和制作的要求

名片既是一个人的“身份证”，也能够体现一个人的风格，但是，即便体现风格，也要在名片礼仪规定的范围之内。在社交活动中，使用名片时的基本要求是：

（1）名片不可涂改。

（2）名片中不可出现两个以上的头衔。

（3）不可提供私人联系方式。

另外，名片在制作上也有很严格的要求。对于商务人士而言，首先，其使用的名片应当符合通用的规格（国际的标准规格是6×10厘米，国内商务通用规格是5.5×9厘米）；其次，商务交流的名片在色彩上应以淡雅为主，最好选择单色；再次，商务人员名片上的图案可以是企业的标志：或是企业标志性建筑或是企业的位置；最后，商务人士名片中的字体要采用标准的印刷体。

2. 递送名片时的礼仪

在出席社交场合时，双方介绍完之后，接下来就需要互换名片，当然，递送名片的环节也是有礼仪需要遵守的。一般来说，当你向他人递送名片时，应当将名片正面朝上，文字面向对方，然后用双手的拇指和食指捏住名片两角，递送给对方。递送名片的时候，目光应注视对方，面带微笑，并礼貌地说：“这是我的名片，请多多关照。”另外，在双方互换名片时，要注意交换的顺序。通常而言，应当遵循先客后主，先低后高的原则。如果对方人员较多时，应当依据职位的高低或是所处的位置按顺序交换，不可跳跃交换。

3. 接受名片的礼仪

对于商务人士而言，不仅在向他人递送名片时需要讲究礼仪，接受他人的名片时更要讲究。接受名片的礼仪包括以下几个方面：

（1）接受对方名片的时候，身体要保持站立姿态，同时面带微笑，注视对方。

（2）要双手接过对方的名片，接过名片的同时要表示感谢。

（3）接过名片后，不能马上放下，而是要微笑着读一遍名片上的内容，阅读时可以将对方的姓名及职位念出来，并抬头看看对方，略微点头，让对方感受到你的认可和重视。

若是交换名片，要右手递左手接，并点头致谢。接受对方的名片之后，假如自己的名片忘记带了，首先应当向对方表示歉意，再说明理由，如“对不起，我忘了带名片”，或“抱歉，今天我带的名片用完了，过几天我会亲自送一张给您”。

4. 索取名片的礼仪

如果你欲结识某人而想要索取名片时，可以先向对方提议交换名片，或是主动献上自己的名片，或是委婉地向对方索取名片。例如，向长者索取名片时，可以这样说：“今后如何向您老请教呢？”向平级或晚辈索要名片时，可以这样说：“以后怎样与您联系？”

5. 存放名片的礼仪

在接过对方的名片并仔细阅读之后，不能将名片随意地放在桌子上或是丢在抽屉里，更不可随手塞到口袋或是包里，这都是对他人不尊重的行为。正确的做法应当是，接到他人的名片之后，如果有名片夹，就放在名片夹里；如果没有名片夹，则放在重要的位置，以示对对方的尊重。另外，商务人士由于接触的人比较多，收到的名片也可能较多，所以要及时地处理，不可将其随便丢弃，更不能随便转给他人。

6. 使用名片时应当注意的细节

（1）商务人士无论在什么时候都要将自己的名片准备好，整齐地放在名片夹或是口袋中，不要与其他杂物放在一起，以免与对方互换名片时手忙脚乱导致掏错名片。

（2）发名片时要注意时机，不能在会中或谈话中发送名片，最好可以在会前、会后或谈话前后发送。

（3）保持名片的整洁新颖，破旧的应当尽早丢弃，不要将脏污破旧的名片发给他人。

涉外迎送的礼仪

随着社会发展的加快，世界各国之间交流的增多，各个国家之间、地

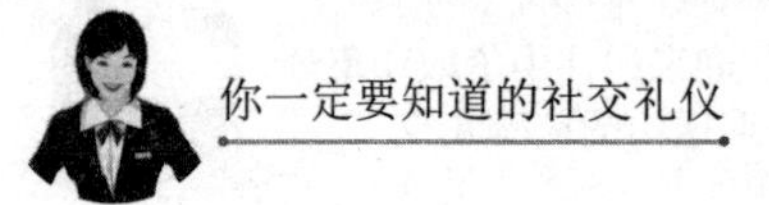

区之间的商业来往也日渐增多，所以对商务人士而言涉外迎送礼仪日渐重要起来。一个精心策划的欢迎仪式能够让来宾有耳目一新的感觉，能够显示出对来宾的尊重，也会让来宾初到异国他乡就能产生一个美好的印象。而一个周到而完美的欢送仪式，也会成为来宾心目中永远的美好回忆。因此，在涉外商务活动中，首先要注意涉外迎送礼仪，让来宾做到高兴而来，满意而归。一般来说，涉外迎送礼仪有以下几点原则需要遵守：

1. 涉外人员要有得体的服饰

日常生活中，我们往往能够从一个人的穿着上看出这个人的职业，如厨师、警察、大夫、一些服务人员等，这就说明每个行业有每个行业的着装要求，而涉外商务人员同样要有得体的装饰。得体的装饰能够让你在面对外商时更为自信，也能够给他人增加好感。与外国人打交道时，对每一名涉外人员在衣着上的礼仪要求基本上是要达到“得体而应景”的标准。也就是说，涉外人员应当能够根据自己所处的场合选择适合自己的服装。

在公务场合，涉外人员着装应当能够体现个人良好的精神风貌，穿着要端正大方，又要稍微有些正统，重点突出东方传统的“庄重保守”的风格，不要穿的过于个性。男士最佳着装应当是身穿藏蓝色或灰色的西装套装或中山装套装，内穿白色衬衫，脚穿深色袜子、黑色皮鞋。穿西装套装时，记得要选择合适的领带。而涉外女士的最佳着装应当是：单色西服套裙，内穿白色衬衫，脚穿肉色长筒丝袜、黑色高跟皮鞋。有时候也可以选择连衣裙，但是色彩应单一，尽量不要选择有长裤的套装。

在公务场合，尤其是接待外宾的时候，不能穿夹克衫、牛仔服、运动服，更不能穿背心、短裤、凉鞋。特别应当注意的是，不要穿着过于时尚、过于个性、过于暴露、过于短小、过于透明的服装。

2. 确定迎送的规格

确定迎送规格的目的主要是确定接待方由哪一级人员出面迎送，这是接待外宾的一个礼遇规格。一般来说，主要的应送人应当同来宾的身份不相上下，太高太低都不合适。假如出于各种原因，身份不能完全对等，可以灵活转变，由职位相当的人或者副职出面迎送。总而言之，主人与客人之间的身份不能有太大的悬殊。如果当事人不能亲自出面，无论出于什么情况，都应当礼貌地向对方做出解释。

3. 清楚外宾抵达及离开的时间

为了能够做好涉外迎送工作，迎送人员应当清楚外宾抵达及离开的时间。如有变化，应当立即告知。如果由于天气等不确定性因素导致客人不能准时到达机场或码头、车站时，迎接人员应当提前做好准备，事先到机场、码头或车站做好迎送工作，不能出现让客人久候的现象。送别外宾时，如有送别仪式，涉外人员应当在送行仪式开始之前到达，并等到外宾乘坐的交通工具看不见时方可离去。

4. 献花

此种礼仪一般用于身份较尊贵的来宾，迎接普通外宾的时候一般无需献花。献花时应注意：所献的花朵必须是鲜花或是由鲜花捆扎成的花束，花束要整齐，鲜艳，不得采用菊花、杜鹃花、石竹花及其他黄颜色花朵。向贵宾献花时通常由女同志在参加迎送的主要领导人与客人握手之后将花献上，并向外宾致礼。

5. 彼此介绍

迎送人员与客人见面时，首先应当互相介绍。通常是先将主人介绍给外宾，介绍的工作可由礼宾交际工作人员、接待翻译或迎接人员中职位最高者担任。客人刚刚抵达陌生的地方时，一般表现得较为拘束，身为接待方，应当主动与客人寒暄，拉近与客人之间的距离。

6. 陪车礼仪

接待人员在迎送外宾之前，应当提前将所需的车辆准备妥当，以免临阵慌乱。陪同客人乘车时，应当请外宾坐在主人的右侧。上车的时候，客人从右侧门上车，主人从左侧门上车。假如客人已经上了车而且占据了主人应当坐的位置，这时候不宜再让客人挪动位置。

7. 迎送中其他方面的细节

迎送外宾时，应当事先在机场（或车站、码头）准备好饮料。客人到来之前，应为客人预订酒店、宾馆等住处，并解决客人的膳食问题。如条件允许，则可以在客人到达之前就将住房地点、用膳方式、日程安排、联络方式、联络人等事宜通知到具体客人。如果条件不允许，就将以上各个事项打印好，当客人到达时，分发到每个人的手上。另外，还要安排专人协助客人办理出入境手续及机票（车票、船票）和行李提取或托运手续等事宜。

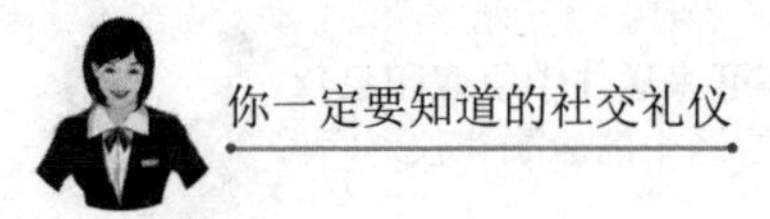

第八章 迎接重要时刻，做足准备功课

——各项仪式中的应酬礼仪

仪式礼仪是组织方对内增强凝聚力、促进员工和谐，对外协调关系、扩大宣传、提升形象的重要手段。不管是主办方还是仪式参与者，都要遵循一定的礼仪惯例及言行、举止上的规定，双方在仪式上的形象、言行举止都是个人基本素质和修养的外在体现，而这也会影响他人对个人及组织的印象和评价。

参加商业庆典的礼仪

商业庆典是一种欢庆、喧闹的活动，所有出席的相关人员无不乘兴而来，满怀兴奋，所以一定要注意自己在庆典上的言行举止，不要因为不当的行为而坏了大家的好兴致，扰乱了庆典的好氛围，同时也降低了自己及公司的形象，这点对于主办方而言更为重要。

1. 准时参加

遵守时间是最为基本的礼仪之一，不论出席什么场合，最起码的要求就是要守时。出席庆典活动也是如此，尤其是对于本单位庆典的出席者而言，更是要严格遵守时间，做到如时出席。上到本单位的最高领导，下至基层员工，都要准时到达，不得迟到、无故缺席或中途退场。如果已经确

定了庆典的具体时间，那么应当准时开始，准时结束，向外界证明本单位言而有信。

2. 注重仪容

所有出席本单位庆典的人员，都要确保有一个良好的仪容仪表，向外界展示一个积极健康的形象。事先都要洗澡、理发，男士还应当剃光胡须。无论如何，凡出席本单位庆典的人都不得邋里邋遢，蓬头垢面，不顾形象，否则这无疑是在给自己的单位抹黑。

3. 服饰得体

假如公司有统一款式的制服，应当要求所有本单位的人员着统一的公司制服出席。而没有统一制服的单位，应当规定出席庆典的本单位人员要统一穿着礼仪性服装。即男士应穿深色中山装，或深色西装，配白衬衫、素色领带，脚穿黑色皮鞋。女士最好穿深色西装套裙，配长筒肉色丝袜，脚穿黑色高跟鞋；也可以穿稍微正式的深色套装或素雅的连衣裙。万不可在服饰方面任其自然，花花绿绿，让人眼花缭乱，绝不可将一场隆重、正规的庆典仪式做成展示姹紫嫣红的服装的时装展览。

4. 态度和善

在参加庆典的过程中，如果遇到了来宾，应当主动热情地问好，对于来宾提出的问题，要给予详尽细致的解答。不要对来宾指指点点，不要窃窃私语，更不能冒犯来宾。当来宾在庆典上发表贺词时，应当积极主动地鼓掌，带动全场的热情。鼓掌的时候，不要因为来宾的重量不够或是陌生面孔就吝惜自己的掌声，即便某个人在庆典上对主人表现得不是很友善，也不要不顾形象地跟来宾辩论或者争吵。另外，在庆典现场，无论气氛多么热烈，情绪多么高涨，都不要出现吹口哨、乱起哄及敲打桌椅的现象。来宾发表讲话的时候，不能够擅自打断或胡乱插嘴，也不能向其辩论或提出挑衅。

5. 表情庄重

在庆典举行期间，要保持庄重的表情，不要嘻嘻哈哈、追逐打闹、嬉皮笑脸或唉声叹气、满面愁容，这样会影响来宾的情绪和整个庆典活动的氛围。

在出席庆典的整个过程中，应当始终保持庄重的表情，如果庆典中安

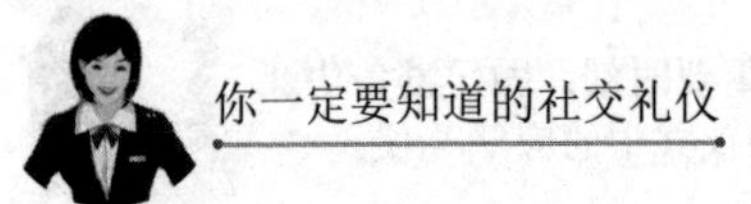

排了升国旗、奏国歌、唱“厂歌”等程序，切不可不耐烦或觉得老套，一定要按照庆典上的礼仪要求自己：起立，脱帽，立正，面向国旗或主席台行注目礼。在起立或是坐下的时候，要注意动作的幅度，不能将桌椅弄得乱响，也不可在此期间擅自走动或与人交头接耳，闲谈聊天等。

6. 行为自律

在出席庆典的时候，主办方有义务对自己的员工在言谈举止方面进行专门的训练，以确保庆典能够顺利进行并能够获得圆满成功。在庆典活动中，主方人员应当在以下方面注意自己的行为举止：

（1）不可想来就来，想走想走，也不能在庆典举办期间四处走动。

（2）不能与周围的人交头接耳，说三道四，或者摆出一副对庆典丝毫不感兴趣的姿态，如听音乐，打瞌睡，织毛衣等。

（3）庆典举办期间不能总是接电话，或者一直看手表，这会让别人觉得本单位的员工心不在焉，缺乏必要的素养。

7. 发言要注意

假如有幸能够在本单位的庆典上发表讲话，则需要注意以下四个问题：

（1）上下场要保持沉着冷静。走向发言台时，应当不慌不忙，镇定自若，步履要从容，不能一路小跑或者“千呼万唤始出来”。开口讲话前，应当心平气和，思路清晰，不要因为紧张而导致思路混乱，甚至语无伦次。

（2）注重礼貌。开始发言时，要记得问大家一声好。提到感谢对象的时候，声调要高昂，并目视对方。向某人或单位表示感谢时，应当稍稍欠身，以示礼貌。讲话结束后，不要匆匆忙忙就跑下发言台，要说一声“谢谢大家”。

（3）发言者不可因为一时的快意而信马由缰，海阔天空，滔滔不绝，一定要在规定的发言时间内结束，而且宁短勿长，语言尽量简短，不可拖拖拉拉，言不及义。

（4）少做手势。发言者在发言台上应当保持稳重的举止，不要动辄做出各种手势，尤其是含义不明的手势。

出席商务剪彩的礼仪

在各式各样的开业仪式上，剪彩都是一个不可或缺的重要程序。热闹欢庆的剪彩仪式经过长时间的流传也形成了一定的惯例和规则，这就是如今所说的剪彩礼仪。在剪彩仪式上，参与剪彩的人员应当遵守剪彩礼仪，否则可能会闹出“一剪没”的笑话。在商务场合，想要在剪彩仪式上展现个人的素质与魅力，就要遵守剪彩仪式的礼仪。那么，在商务剪彩仪式上，有哪些程序和礼仪要遵守呢?

1. 剪彩程序

（1）请出席剪彩仪式者就座。仪式即将开始的时候，应提醒仪式参加者坐到相应位置。而对于就座于主席台的人，应当提前通知，然后由工作人员引领至主席台就座。

（2）宣布剪彩仪式开始。各方人员就座之后，会议主持人可宣布剪彩仪式开始。开始后，主持人应带领大家鼓掌并向与会者表示感谢。如有必要，还应当向与会者介绍参加剪彩仪式的有关领导及各界知名人士，并向他们致谢。

（3）安排与会代表作简短发言。首先发言的是举办方单位的代表，接下来是上级主管部门代表、合作单位的代表等。各个代表发言时应当注意把握好时间，不要长篇大论，应当言简意赅。发言的重点应当放在介绍、道谢与祝贺三个方面。

（4）开始剪彩。剪彩时，在主席台上的人员应当在剪彩者身后1～2米处。剪彩完毕，台上人员要转身向四周的观众鼓掌致意。

2. 剪彩者应当遵循的礼仪

剪彩者一般由客人担当，可以是上级领导、合作伙伴，也可以是社会知名人士。对于剪彩者的数量没有太大的限制，可以是一个，也可以是多个，但是一般情况下最多不能超过五个。

（1）剪彩者服饰礼仪：剪彩者的穿着打扮会引起在场所有人的关注，而穿着是否得体也会影响在场观众对你的评价，也直接影响到仪式的效果。因此，剪彩者应当注意穿着，保证服装干净、整齐、利落，符合剪彩的场合，不要穿便装，最好是正装出席，尽量给大家留下一个干练、文明的好印象。

（2）举止礼仪：剪彩者上台之前要调整情绪，不要紧张，上台时步履要稳重大方，保持一种冷静的姿态。走向剪彩的绸带时，要面带微笑，神情自如。尤其要保持专注的神态，不可随便同他人打招呼。剪彩前，神情既要庄重，又要体现出热情和高兴。做好准备之后，应向礼仪小姐微笑示意，然后接过剪刀，集中精神，将彩带一刀剪断。

（3）言谈有度：剪彩完毕，剪彩者应当举起剪刀示意，然后将剪刀放在托盘中，并向四周的人们鼓掌致意。之后与主人握手道喜，并进行礼节性的谈话，但注意谈话时间不能过长，尽量要恭贺主人，对主人说一些祝贺词，尤其不要进行无休止的高谈阔论或纵情谈笑，否则将有伤整体仪式的氛围。言谈结束后，列队由引导者引领下场，退场时应从右侧下。

进行商务交接的礼仪

在人际交往中，商务伙伴之间合作的成功是值得有关各方庆幸与庆贺的一桩大事。实事求是地说，在激烈的竞争环境之中、泾渭分明的利益关系之下及变幻叵测的商界风云之内，商务伙伴之间的合作的确来之不易，因此，它备受有关各方的高度重视。举行热烈而隆重的交接仪式，就是在商务往来中通常用以庆贺商务伙伴们彼此之间合作成功的一种常见的活动形式。

在商界，交接仪式指的是施工单位按照双方签订的合同将已经建设、安装好的工程项目或大型设备，如机场、码头、车站、飞机、轮船、火车、机械、物资、厂房、商厦、宾馆、办公楼等，经对方验收合格之后正式转交给使用单位时所举办的庆祝典礼。在交接仪式上，需要遵循以下交接礼仪：

1. 作好交接仪式的准备

在准备交接仪式期间，需要做以下三个方面的工作，即邀请来宾、布置现场、预备物品等。

（1）邀请来宾。关于来宾的邀请，一般应由施工、安装单位负责。在拟定具体的邀请名单时，施工、安装单位应当主动征询接收单位的意见。接收单位对于安装、施工单位草拟的名单可以适当提出一些自己的建议，但不要过于苛刻。

一般情况下，出席交接仪式的人数越多越好，毕竟这是一个庆典，如果出席人数少，难免会使交接仪式显得有些冷清，不够热闹，但是确定出席交接仪式的人数时，也应当考虑场地条件及自身的接待能力，不要一味地因为贪多而导致接待不力的情况出现。按照原则来讲，出席交接仪式的人员应当包括施工、安装单位的有关人员，接收单位的有关人员、上级主管部门的有关人员，当地政府的有关人员，行业组织、社会团体的有关人员，各界知名人士，新闻界人士，以及协作单位的有关人员等。此外，为了显示对来宾的尊重，除了施工、安装单位与接收单位的有关人员之外，对于其他所有的人员，均应提前送达或寄达正式的书面邀请。

（2）选择交接仪式的现场。要依照交接仪式的重要程度、出席者的人数、交接仪式的具体程序与内容，以及是否要求对其进行保密等几个方面的因素而定。

通常情况下，交接仪式的地点可以安排在已经建设、安装完成并已验收合格的工程项目或大型设备所在地的现场。当然也可以将现场安排在东道主单位本部的会议厅，如果现场条件欠佳，不能满足交接仪式各方面的要求的话，那么经过施工、安装单位和接收单位共同商讨并认定之后，交接仪式也可以在其他场所进行，如其他单位出租的礼堂、宾馆的多功能厅或大厅等处。在这些场所举行交接仪式，虽然花费比较高，但是能够省去大量的安排工作，而且还有利于提升仪式的档次。

（3）准备物品。在交接仪式上，需要用到不少的物品。最重要也是不可或缺的是作为交接象征之物的有关物品，包括验收文件、一览表、钥匙等。验收文件是已经公证的由交接双方正式签署的接收证明性文件。一览表是交付给接收单位的全部物资、设备或其他物品的名称、数量明细表。而钥匙则是用来开启被交接的建筑物或机械设备。此外，交接仪式的主办单位还应当准备一些烘托喜庆气氛的物品，并为出席的嘉宾准备一份礼物。

在交接仪式的现场首先要搭建一处主席台，如果是比较正式的仪式，还应当在其上铺设一块红地毯，准备足够的桌椅。主席台上方悬挂一条巨型红色横幅，写着交接仪式的具体名称。在交接仪式现场的四周可酌情悬挂一定数量的彩带、彩旗、彩球，并放置一些色泽艳丽、花朵较大的盆花，用以美化环境。

在选择用以赠送给来宾的礼品的时候，最好选择有纪念性和宣传性的物品。如交接的项目工程的微缩模型或是以其为主体的画册、明信片、纪念章、领带针、钥匙扣等。

2. 拟好交接仪式的程序

不同内容的交接仪式往往有着不同的交接程序，但是总体上说，交接仪式一般要进行以下五项基本程序：

（1）由主持人宣布交接仪式正式开始。主持人在宣布交接仪式开始之前，首先应当邀请各方人士在主席台就坐，并暗示全体出席人员保持安静。宣布仪式开始之后，全体出席者应当长时间热烈地鼓掌，以示祝贺。

（2）奏国歌，并演奏东道主单位的标志性歌曲。此时，与会者必须全体肃立。有时该项程序亦可免去，但如果安排这一程序，会使交接仪式更为庄严、隆重。

（3）交接仪式正式进行。具体的做法是，由施工、安装单位的代表将有关工程项目、大型设备的验收文件、一览表或钥匙等象征性物品正式递交给接收单位的代表。交接之时，双方应当面带微笑，递交、接受物品的时候要伸出双手，以显示对对方的敬重。交接完毕，双方应握手致意。

（4）各方代表发言。按照交接仪式规定，交接完毕之后，参与交接的各方代表需要进行发言。他们依次应为施工、安装单位的代表，接收单位的代表，来宾的代表等。发言宜短不宜长，简单精炼，热情洋溢即可。原则上来讲，此类发言最好在三分钟之内完成。

（5）主持人宣告交接仪式正式结束。此时，全体与会者应当在此进行较为热烈的长时间鼓掌，之后可安排全体来宾观看文艺表演。

3. 交接仪式上注意言谈举止

在交接仪式上，不管是举办方还是参加方，都要在仪式上有得体的言谈举止，如果在仪式上表现失当，可能会影响仪式的气氛和众人的心情，

甚至还会影响到各方之间的关系。

作为举办方，需要注意的问题有：

1. 自身仪表

参加交接仪式的举办方成员不仅代表了自身形象，同时也代表着公司的形象，所以务必要穿着得体，妆容规范，举止有度。

2.自身风度

在交接仪式举行期间，举办方人员不可以交头接耳、左顾右盼、闲谈聊天、打打闹闹。为发言者鼓掌时，要一视同仁，不能够厚此薄彼。来宾向自己道喜时，要热情招待，喜形于色是无可厚非的，但不可狂妄自大，得意忘形。

3. 待人友好

不论自己是否负责专门接待、陪同或解说工作，举办方的成员都应当树立自己的东道主意识，要竭力照顾出席仪式的宾客。一旦来宾提出问题或是需要帮助时，都要鼎力而为，不要推三阻四或是借故推脱，更不可胡言乱语。即便自己力不能及，也要向对方说明具体原因，并及时向相关方面进行反映。

而作为宾客，应邀出席交接仪式时，要注意以下四方面的问题：

1. 准时到场

接到邀请之后，应当将仪式的具体举办时间牢记于心，如无意外，一定要准时抵达。如果因为特殊原因而无法亲自出席，应当尽早通知举办方，以防举办仪式的时候出现“门可罗雀”的状况。

2. 致以祝贺

接到正式邀请之后，被邀请方应当尽快地以个人或单位的名义发出贺电或贺信，向举办方表示由衷的祝贺。不仅如此，被邀请者出席仪式的时候，还要与在场的东道主一方的负责人热情地握手，再次进行口头上的道贺。

3. 准备贺礼

为了表示自己真诚的祝贺之心，出席方可向东道主准备一些贺礼，如花篮、牌匾等。

4. 预备贺词

如果自己身份地位比较重要，并且与东道主关系密切，那么在出席仪式之前，首先要准备一份书面贺词，供被邀请者代表来宾发言时使用。贺词内容应当简要明了，最主要的是要向东道主表示热烈祝贺。

商务谈判前的准备和布置

商务谈判指的是不同的经济实体各方为了自身的经济利益及满足对方的需要，通过沟通、协商、洽谈、妥协、合作等方式，将可能的商机确定下来的活动过程。近年来，随着商务活动的愈发频繁，商务人士越来越重视商务谈判中的礼仪，如果能够熟练地掌握商务谈判礼仪，就能在谈判桌上展示个人风采，给对方留下一个良好的印象，大大地提高商务合作的可能性。相反，如果不懂商务谈判礼仪，处处失礼的话，就可能直接导致商务谈判的失败。所以作为一名商务谈判人员，掌握一些商务谈判礼仪是极为必要的。

1. 确定谈判人员，注重仪容仪表的修饰

商务谈判之前，首先应当确定谈判的人选，因为人员的选定通常会影响这次谈判的成败。选定谈判人员时，应当与对方谈判代表的身份、职务相当。同时，谈判人员代表本公司入席谈判时，应当注重个人的形象，男士要刮干净胡须，女士不要浓妆艳抹。在着装上，总体的要求是正式、沉稳、庄重。商务男士可选择深颜色的西服套装，里面穿白色衬衫，系单色领带，脚穿深色袜子和黑色皮鞋；对于女士而言，最好的着装选择是职业套装，不能点缀过多的配饰，不宜穿细高跟鞋。

2. 选择好谈判的时间和地点

谈判的时间需要双方经过沟通后才能确定，不能由一方面擅自做主，但是从原则上来讲，最好选择对自己有利的时间进行谈判。选择谈判地点的时候，最好是在自己熟悉的地方，假如对方不同意，也可以选择在双方都不熟悉的地方举行谈判。如果需要多次谈判，谈判的地点可以依次互换，以示公平。

3. 布置会场

谈判双方确定下地点之后，如果在己方地点，就要对会场进行布置，

可以采用长方形或椭圆形的谈判桌，将其横放于室内。一般以门右手的座位或对面座位为尊，应当让给客方。假如举行多边谈判，最好在座位上摆放座位牌，以免座次发生错乱。

4. 谈判时的座次有讲究

商务谈判可以分为两种情形：一种是双边谈判，一种是多边谈判。如果是双边谈判，可以选择长方形桌子，宾主各坐桌子一旁，客人坐在上方，双方的负责人坐在桌子两头的中间部位，其余人员按次序落座即可。如果是多边谈判，则最好选择主席台的形式。主席台的位置应当正对大门，其余人员则正对主席台分别入座，谈判时各方代表可轮流上台发言。谈判人员入座时，应安排专门的引导人员进行引导，以免坐错位置。

谈判桌上展现个人风采

商务谈判的过程，其实就是谈判各方不断沟通，不断妥协，不断协商的过程。任何一次成功的谈判，都是在谈判各方不断地洽谈中达成的。而在谈判的过程中，礼仪是最需要重视的，因为在这个紧要关头，任何有失礼仪的语言或举动都可能导致谈判的破裂。所以在商务谈判中如果想要获得一个皆大欢喜的结局，就要遵守商务谈判中的礼仪。

1. 谈判之初的礼仪

谈判各方在举行正式谈判之前，首先要有一个双方的介绍，这就是见面礼仪。介绍的时候，应当遵照礼仪的顺序，秉着先尊后卑、先长后幼的原则进行逐一介绍。介绍到某人的时候，应当主动起立向对方微笑致意，并以礼貌用语问候对方。

2. 语言上的礼仪

商务人士出席谈判的时候要注意语言上的礼仪，做到既得体又礼貌，既能一针见血，又不伤彼此之间的和气。在谈判的过程中，自始至终都要确保文明用语，不讲脏话、粗话，更不能说侮辱别人人格的话。

针对不同的谈判内容、谈判场合及谈判对手，应当灵活又有针对性地运用语言，这样才能够保证谈判的成功。例如，对于慢条斯理的谈判对

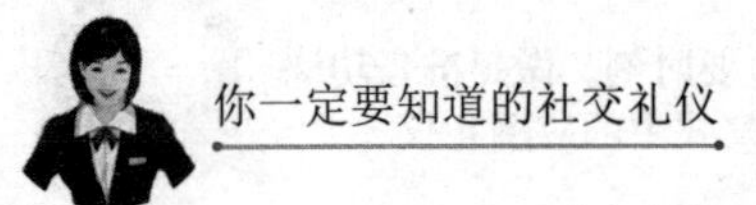

手，可以采用润物无声般倾心长谈的方法；而对于脾气急躁、性格直爽的谈判对手，最好运用简短明快的语言。

3. 说服礼仪

谈判者在说服对方的时候，不能依靠强制性或是欺骗性的手段，而是应当依靠理性及情感的力量让对方对你折服。说服对手的时候，要用平等温和的态度，这表明了你对他人的尊重。同时还要保持清醒和理智，因为保持清醒和理智可以避免双方在有所分歧的问题上进一步恶化，这样谈判者就有了说服对方的基础。

一般来说，想要说服对方，有以下礼仪需要遵守：

（1）建立良好的人际关系基础。想要说服对方，改变对方的想法，首先应当改善与对方的关系。一个人考虑是否接受说服之前，会在心中揣度说服者与他的熟悉程度，实际上是在考虑对方的信任度，如果双方在情绪上处于对立的状态，说服基本上是不可能实现的。

（2）掌握好说服的时机。如果对方出现了较大的情绪波动，或思维方式走极端时，最好不要在此时进行说服。这个时候要先安抚对方的情绪，不要让其丢脸面，之后再用事实说服。

（3）态度要诚恳，言辞要诚挚。在谈判中进行说服的时候，要尽量寻求与对方立场一致之处，如有分歧的地方，可以先提出一个美好的设想，以提高说服对方的可能性。要言辞恳切地告诉对方，如果对方接受了我方的意见，双方将各自得到哪些益处，同时也要说明有什么损失。这样，谈判对象就会觉得我方提的意见比较客观、真实，也更加易于接受。

4. 拒绝礼仪

商务人士进行谈判的时候，往往会遇到这种情况：对方提出了要求，希望我方能同意，然而其提出要求于我方有害，又必须拒绝，这个时候拒绝对方也是要讲究礼仪的。那就是不能直接拒绝，而是应当采取婉转的方式，尽量不要让谈判双方陷入比较紧张的状态之中。想要成功地拒绝对方，一般有以下两个方式：

（1）诱导否定：对方提出问题之后，不马上给予正面的回答，而是先列一些理由，或是反问一个问题，反客为主，诱使对方自我否定，自动放弃原来提出的问题。

1972年5月，美苏关于限制战略武器的四个协定签署之后，基辛格在莫斯科一家旅馆里向随行的美国记者团介绍情况，当他说到“苏联生产导弹的速度每年大约250枚”时，一位记者问：“我们呢？我们有多少潜艇导弹在配置分导式多弹头，有多少‘民兵’导弹在配置分导式多弹头？”基辛格回答说：“我并不确切知道正在配置分导式多弹头的‘民兵’导弹有多少。至于潜艇，我的难处是知道数目，但不知道是不是该保密。”记者说：“不保密。”“不用保密吗？那你告诉我是多少呢？”记者愣了一下，笑了。

这就是以彼之道还施彼身的方法，使询问者陷入了自我否定的漩涡，从而解除了回答之难。

（2）先肯定后转折：对方提出要求之后，先肯定对方的说法，然后突然峰回路转，最后予以否定。在这里，肯定是手段，从转折到最后的否定才是目的。先肯定对方，能够让对方在放松戒备的情况下继续聆听你的描述。虽然最终仍旧是否定对方，但这种婉转的方法对于对方来说还是比较容易接受的。

5. 倾听礼仪

既然是谈判，就要有说有听，尤其要善于倾听。尼尔伦伯格明确指出，倾听是发现对方需要的重要手段。认真、专注地倾听对方，能够从中获得较为有益的信息，更利于我方接下来的提问和商谈。倾听的礼仪要求是：

（1）专注。谈判者在倾听对方陈述的时候，内心必须保持时刻的清醒，精神也要全神贯注，因为稍不留神就可能错过比较重要的信息。因此，倾听谈判对方的时候一定要身心投入，努力排除环境及自身因素的干扰。

（2）注意观察对方的表情及说话方式。有时候，对方的语气、语调、表达方式都隐含着某种信息，认真地观察能够发现对方言语背后真实的意愿，从而能够真正理解对方全部的信息。谈判场合的倾听应当做到“耳到、眼到、心到、脑到”。听，不仅仅只是用耳朵去接受信息，同时还要运用眼睛去观察，然后运用头脑去思考。

（3）学会忍耐。对于一时难以理解的话，不能避而不听，特别是对方说出自己不爱听甚至会触怒自己的话时，只要对方没有说完，都应当忍住自己的脾气，耐心地听其讲完，万不可打断对方的讲话，更不能反击或离席。

6. 提问礼仪

提问，对于获取信息、更深入地了解对方及促进双方的交流都有很重要的作用。一个善于提问的谈判者，不仅能够控制谈判的进程，掌握谈判的方向，而且还能够触动对方的心灵。

提问时应当遵照的礼仪有：

（1）把握提问的时机。对方阐述问题的时候不要提问，因为“打岔”是不尊重对方的表现；要先用试探性的提问证实对方的意图，然后再采取直接性的提问。如谈判者可以说：“我不知道是否完全理解了您的意思。我听您说……您是这个意思吗？”如果对方进行肯定或者否定，谈判者可以接着说：“如果是这样，那么您为什么不同意这个条件呢？”……对于要提问的问题要事先准备好（包括提问的条件、措辞、由谁提问等），并设想好对方可能的答案，然后针对这些答案，制订自己的对策。

（2）提问要因人而异。提问的时候，要了解对方的年龄、职业、性格、气质、受教育程度、专业知识深度、知识广度及生活经历等，以便制订合理的提问方式，因为对方的特点决定了我方提问时应当率直、简洁，还是含蓄、委婉等。

（3）分清提问的场合。谈判者提问的时候应当注意是公开谈判还是秘密谈判，是在场内桌面上谈判还是私下谈判，是个人间的谈判还是组织间的谈判等，这些都要求提问者注意环境场合的影响。

7. 非语言礼仪

非语言礼仪包括面部表情礼仪、目光礼仪、手势礼仪及身体礼仪，因为这些礼仪虽然不能用言语表示，但是也能体现出谈判者的情绪和想法。在谈判的过程中，如果遇到谈判障碍，可以用一些非语言礼仪来处理问题。如对对方的意见和提案表示赞同的时候，可以微微点头默许或微笑，存在困惑的时候可以皱下眉，表示自己无法理解。在使用非语言礼仪的时候，应当注意各个地域之间的区别，避免因此造成双方在沟通上的误解。另外，如果谈判陷入僵局，主方要学会如何处理冷场，如可以暂时转移话

题，以缓和紧张的谈判氛围。如果确实无话可说，则可以暂时终止谈判，等各方稍作休息之后再继续进行。

8. 谈判结束后场下礼仪

有时候，商务谈判不仅仅局限于谈判桌上，往往越是重要越是困难的谈判，越重视私下的交流。因为在私底下，每个人的戒心没有那么强，也更容易建立私人之间的感情，可以对谈判的成败产生较大的影响。一般情况下，主方可以为谈判对手安排一些酒会、舞会等娱乐活动，通过这些私下的活动，可以充分向对方展示己方的诚意和公司的形象，从而有助于谈判的成功。

如今，商务谈判早就成为常见的社交活动之一，其成功建立在双方平等友好的基础上。作为商务谈判人员，如果违背了谈判的礼仪，势必会给谈判的各方带来不必要的麻烦。因此，如果想要在商务谈判中如鱼得水，就必须掌握上述礼仪。

商务签约，以“礼”待人

商务谈判达成之后，接下来就要进行商务签约了。商务签约是指各方通过谈判，就某一方面的共同合作达成的协议进行书面上的签字，以确定其法律依据的一种活动。商务签约是各方达成合作，建立关系的最后一步，也是最为关键的一步，所以作为商务人士想要保证签约仪式能够顺利进行，就要重视签约中的每一个步骤，遵循签约礼仪。

1. 商务签约的准备工作

（1）按照应酬礼仪要求布置好签字厅。商务签约时，可以在专用的签字厅中进行，也可以临时使用会议厅或会客室代替，但是在布置的时候要遵守原则。对签字厅的要求有：厅内应保持规范、庄重、整洁、清净；室内铺满地毯，正规的签字桌应当为长桌，桌面上最好铺上深绿色的台面；除了签字用的桌椅之外，其余陈设一概撤出签字厅；签字桌应横放于室内，在其两侧摆放适量桌椅，桌椅的摆放量可根据实际情况调整；签字人的座位一般应面对正门。

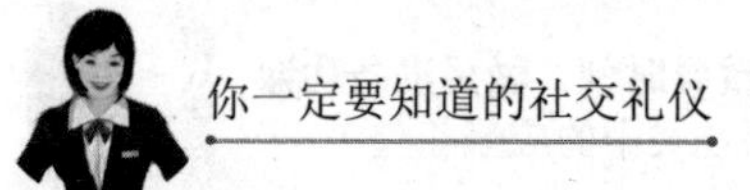

（2）在签字桌上应当事先摆放待签的文本合同及签字时需用的签字笔、吸墨器等。如果签署涉外商务合同，还应当在签字桌上插上有关各方的国旗，国旗的摆放应当注意顺序。

2. 对商务签约人员的要求

（1）对签约人员的服饰要求：商务谈判虽然达成，但是合同能否生效，最关键的一个环节还是在签字。所以商务签约仪式是一个非常严肃、庄重的事情。按照规定，所有出席签约的人员，无论是签字人员、助签人员，还是随行人员都应当重视服饰礼仪，选择适合签约仪式的正式服装。一般情况下，女士可以选择深色职业套裙，不要化浓妆；男士可选择深色西装套装，内穿白色衬衫，系单色领带，或可以穿中山装，配白色衬衫，脚穿黑色皮鞋。即便出现在签约仪式现场的礼仪人员也应当注重自己的服装，可以选择工作制服，也可以选择旗袍之类的礼仪性服饰。

（2）签约人员应了解座次礼仪：正式签署合同的时候，要注意座次方面的礼仪。具体要求是：签署双边性合同时，应请客方签字人在签字桌的右侧入座，主方签字人坐在签字桌的左侧。助签人员分别站立于签字人的外侧，而随行人员可以按照顺序入座，也可以站在主签字人的身后。签署多边性合同时，一般仅设一个签字椅，各方签字人签字时可以依照事先安排好的顺序轮流上前签字，助签人员则应当随签字人一起行动。签字时，助签人员应当依照“右高左低”的原则，站立于签字人的左侧。

3. 对待签合同文本的要求

（1）依照商界的规定，正式签署合同之前，应当由举行签字仪式的主方准备待签合同的正式文本。而且对于待签的合同文本，不能存在一些正在协商或是各方对某些细节仍旧存在争议的文本。待签合同本文应当是拟订合同的最终文本，不得再有任何的更改。

（2）待签的合同文本应当以精美的白纸印制，并用高档质料如真皮、金属、软木等作为合同的封面。文本的定制方面则由主签字方与其余各方共同指定专人，一同负责合同的校对、定稿、印刷及装订工作。如果是涉外商务合同，则应当注意语言的问题，合同的文本要使用各方有关语言或是国际通行语言进行撰写。使用外文撰写合同时，要注意仔细推敲，谨慎用词，不要因为用词不当而引起不必要的误解。

4. 正式签约程序

（1）当参加签署仪式的各方人员进入签字厅，在既定的座位上各就各位后，签字仪式正式开始。签订合同时，各方要先在己方保存的合同文本上签署姓名，之后再签署他方保存的合同文本。

（2）签字完成之后，签字人正式交换已经有各方签字的合同文本。交换完成后，各方签字人应当主动积极握手，互相庆贺顺利完成签约合同，建立合作关系。之后，交换刚才使用过的签字笔，以表纪念。全场人员应当热烈鼓掌，表示祝贺。

（3）合同交换之后，签约各方应开香槟庆祝这次合作的达成。依照国际惯例，参与签字仪式的有关人员，尤其是签字人员，应当将一杯香槟一饮而尽，共同为这次合作增添喜庆色彩。

商务签约是商务合作关系建立的最后一步，也是最关键的一步。如果在这个环节出现错误，可能会影响最终的结果。因而，作为商务人士，想要取得最后的成功，必须重视签约时的每一个步骤。

颁奖礼仪不可忽视

商务中的颁奖，大都是为了表彰公司内部的集体或个人在某方面取得的突出成就而进行的鼓励性的奖赏。正式的颁奖有正规的礼仪要求，不能凭个人的意愿随心所欲地进行，以免使企业形象一落千丈。具体来说，颁奖仪式共分为三个步骤——准备工作、颁奖、致辞。

1. 做好准备工作

进行颁奖仪式的地点应当选定在场地较大的礼堂或宽敞的室外场所，整体要呈现一种隆重和热烈的氛围。主席台的正上方要悬挂横幅，上写“××颁奖大会”。主席台两边应当悬挂一些标语，为了烘托颁奖仪式的整体氛围，还可以在礼堂的走廊、休息大厅或场地四周安插一些彩旗，也可以在休息大厅或场地的四周通过图片和文字介绍受奖者的具体事迹。主席台上按照人数的多少摆放几排长桌，桌子上要覆盖白色或红色的台布，然后按顺序摆放好上台就座者的名签。奖状及奖品可以摆放在桌子上，要摆放的美观、协调，并且不能影响主持人和发言者的讲话，主席台的前面还可以摆放一些盆花。

一般情况下，颁奖者通常是单位或部门的领导人，也可以是特意邀请的有关人员。人员确定之后，颁奖者及负责递送奖状、奖品者应有明确的分工，并且应当将受奖时的注意事项告诉受奖者。受奖者应当在会场的前排就座。如果获奖人数较多，可以在座位上标出受奖对象的姓名，并注意其座位的安排最好能够和上台领奖时的次序保持一致。

2. 颁奖步骤

（1）参加颁奖大会的人员提前进入场地，颁奖仪式开始之前，奏乐，欢迎颁奖人员进场。此时，主持人宣布颁奖仪式开始，接下来由相关领导发表讲话，简要介绍颁奖的原因及受奖者为何受奖。

（2）颁奖开始，同时播放音乐。主席台下的工作人员应引领受奖人员按顺序走至主席台上，将其分别引领至各自的颁奖者之前，之后迅速下台。负责递送奖状、奖品的人员应将这些物品送到颁奖者的手中。

（3）颁奖者颁发奖品时，要面带微笑，主动与受奖人握手，并给予夸奖鼓励，受奖人接受奖品时要与颁奖人保持三步左右的距离，同时面带微笑，欠身，伸出双手郑重接过奖状及奖品，然后伸出右手与颁奖人握手。

（4）受奖人面向全体来宾，将奖状及奖品高举，然后鞠躬致谢。最后，在工作人员的引领下，依次走下主席台。

3. 致辞

（1）颁奖完毕，通常可安排1～3位职位较高的领导人或比较有影响力的社会名流上台致辞，从各自的角度对受奖者表示祝贺及鼓励。

（2）颁奖者致辞完毕后，由受奖者或受奖者代表发表感谢词。感谢词要简练、明了、坦诚、直率，要感谢各级领导对自己的肯定，并要做出继续努力的决心。受奖者举止上要自然大方，不可扭捏作态。

（3）主持人宣布颁奖圆满结束，再此奏乐，并欢送受奖人员及来宾。

第九章　安排和调度不同层次的饭局
——宴请餐饮中的应酬礼仪

进餐是社交活动的一部分，很多人际交往都是在饭桌上进行的。有些人认为在餐桌上可以随便一些，不必那么拘礼，其实餐桌也有餐桌上的礼仪，这就是餐饮礼仪。在宴请餐饮活动中，场地、酒菜的选择与座次的安排，乃至在餐桌上的一言一行，其中都大有学问。

商务宴请礼仪

在如今的商界中，商务往来早已经是司空见惯的事情，商务交流也不再局限于办公室和会议室，有时候双方为了能够使业务顺利展开，往往会进行一些宴请活动。而商务人员在商务宴请中的表现也是商务交际能够取得成功的关键所在。身为商务人士，如果能够熟练地掌握商务宴请方面的礼仪，在宴会上大方得体地表现，那么同样能够在大快朵颐的同时达成合作，获得生意。那么，在宴请的时候，要注意哪些问题呢？

1. 了解被邀请方的背景及喜好

在商务宴请中，如果想让对方满意你的招待，那么首先就要了解宴请对象。如可以多了解一些他的背景及其他方面的一些喜好，如果做好了这方面的准备，那么宴请的时候就能够按照宴请对象喜爱的风格进行布置，

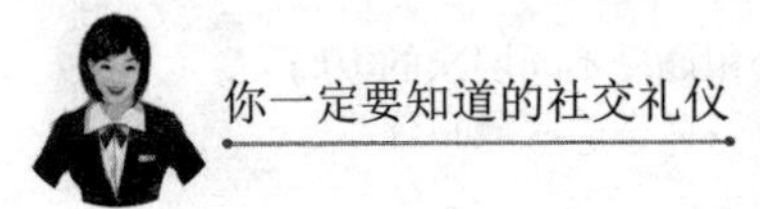

另外，如果了解了其喜好，在席间言谈的时候也会有共同话题，不至于出现冷场的尴尬。

2. 谨慎决定宴会的时间及地点

在宴请对方的时候，一定要重视时间上的安排，应该选择主客双方都有空闲的时间。一般来讲，宴请的时间不宜选择在对方有活动的时候或是有所禁忌的日子。而在地点上则可以根据情况区别对待，如果是官方举行的正式隆重的活动，应当安排在议会大厦或宾馆里举行，而一般的宴请活动则可以根据活动的性质及规模选择合适的地点。

3. 宴请时酒菜的选择

宴会上菜肴应当精致可口，可以选择一些该地方的特色招牌菜、风味菜及客人喜爱的菜肴。菜肴不仅要美味爽口，符合来宾的胃口，同时还要照顾来宾在饮食上的一些禁忌。同时，宴会上的酒水也应当谨慎选择。一般情况下，餐前的开胃酒有雪利、马西尼、威士忌加冰水等。而席间的酒水则可以由来宾根据自己的口味随意选择。

4. 邀请的礼仪

根据商务宴请礼仪的规定，宴请的一方必须要向邀请对象发出正式的书面邀请，最为常用的就是请柬邀约。在使用请柬时应当注意请柬的格式和行文。商务宴请中使用的请柬大部分都是横式的，封面与内侧大都采用红色，内侧也可以是其他颜色，但通常不用黄色或黑色。书写的时候要用钢笔或毛笔，墨水要选择黑色或蓝色，按照自左至右，自上而下的顺序。请柬中的内容包括邀请人的姓名、联系方式、活动的性质、举办的时间，以及地点等。

参加商务宴请的基本礼仪

参加商务宴请方面的基本礼仪主要包括以下几个方面：

1. 收到请柬后的注意事项

作为宴会的被邀请者，接到对方发来的请柬或邀请信时，无论是否能够出席，都应当给对方以答复。答复对方的时候，可以打电话，也可以回

复便函。如果已经答应对方参加，就一定要信守承诺，如果到时候确因意外不能参加，要及早通知对方。作为主宾，应尽早向主人解释，道歉。同时，参加宴会前，出席者应当确认宴会何时举办，在哪里举办，配偶是否需协同出席，主人对服装方面有什么要求。

2. 掌握好抵达时间

出席宴会活动的时候，抵达的时间及逗留的时间在一定程度上都反映了出席者对主人的尊重及彼此之间的关系如何。具体时间应当根据活动的性质和当地的习惯来定。参加宴会时，不能迟到、中途退席，或者逗留时间过短，这些行为都被视作对主人的不尊重或是轻视。一般情况下，主客都应当提前到达，身份高者可以稍晚到达。到达宴会地点之后，先要向主人问好，感谢主人的邀请，并适当的寒暄。

3. 遵从主人的安排，礼貌落座

如果是参加宴会，在进入宴会厅之前，首先要了解自己的桌次及座位，找到写有自己名字的座位再落座，不要随意乱坐。如果邻座是年长者或女士，应当主动协助对方先坐下。入座后，要端正坐姿，将双腿靠拢，不能跷二郎腿，双手不能放在邻座的椅背或是餐桌上，也不能够将脚蹬在别人的椅子上。

4. 正确使用餐巾

未上菜时，可以与邻座交谈，但不可敲打或玩弄杯、筷。进餐前应当先将餐巾打开，铺在膝上，餐巾只能用来擦嘴，擦嘴的时候要一手捏住一面的上端，另一只手予以辅助。餐巾不能用来擦脸、擦汗，用餐完毕，要将它放在盘子的右边，不能够直接丢在椅子上。

5. 用餐的注意事项

商务宴请之中，餐桌上的礼仪相对来说是非常重要的，因为整个宴会中，用餐的时间是最长的，这时候的礼仪也是最重要的。入座之后，如果主人不招呼用餐，则不能先动，主人招呼之后，则可以开始用餐，并要注意以下事项：

（1）夹菜时，应当从靠近自己的盘子或面向自己的盘边开始，不要随意地从盘子中间或是距离自己较远的一边夹起，更不能不顾形象地随意站起身去夹距离自己较远的盘子里的菜，即便菜多么美味，也要忍住，可以等到盘子慢慢转到自己跟前的时候再吃盘子里的菜。另外，不能夹到之后再丢到盘子里，也不能在盘子里翻来倒去地挑菜吃，一次夹菜不宜太多，不要碰到邻座，不要将菜掉到桌子上，不要将菜汤洒掉，更不能将菜汤弄翻。

（2）吃菜时要细嚼慢咽，小口进食，不要狼吞虎咽，风卷残云，塞的腮帮子鼓鼓的。遇到自己喜欢吃的菜，不能一股脑儿地吃起来没完，更不能干脆将盘子端到自己面前，独占美食。

（3）如果嘴角上沾上了饭粒，要用餐巾纸轻轻地擦去，不能用手擦，更不能用舌头去舔。吃菜的时候，嘴里不要发出大的声响。万一打喷嚏或咳嗽，要立刻向后转头，并以手绢或餐巾纸掩口。

（4）嘴里含着食物的时候，最好不要开口交谈，正所谓“食不言”。另外，吃饭的时候可以调节气氛，适当地说一些笑话，但是注意要有度，不可开过火、过度的玩笑，以免口中食物喷出，有损自己的形象，也破坏了大家的胃口。

6. 要适时地与人交谈

虽然说是饭局，但是不能够只吃饭，不交流，否则气氛过于沉闷，所以不论是主人还是客人，都应当主动与同桌的人交流，特别是左右的邻座。不要两三人窃窃私语，置他人于不顾，应当众欢同乐，与大家一起营造良好的氛围。

7. 饮酒要有度

如果在宴会进行中，主人提议要喝酒，一定要掂量一下自己的酒量，如果不能喝，不要强装自己是海量，即便酒量不错，也不能喝得烂醉如泥，以免酒后失态，贻笑大方，招人耻笑。

8. 宴请结束

宴会结束之后，即便在参加宴会之前已经向主人赠送过礼物或是宴会后打过电话道谢，也应当专门写一份谢函寄给主人，这不仅是对主人的尊重和感谢，也是个人懂得礼仪的体现。

宴会上的桌次、座次有讲究

在正式的商务宴会中，桌次及座次都是有一定的讲究的，所以商务人员出席正式宴会的时候，要注意桌次和座次方面的安排，不能随处乱坐，如果不懂这方面的学问，本来应坐次席，结果坐到了主席的位置上，那么带来的不仅仅是别人内心的不满，甚至会影响到工作的前程问题。因此，应当了解桌次与座位的礼仪问题。

宴会用的桌次可以是圆桌、方桌，也可以是长桌。按照商务宴请礼仪，桌次的高低以距离主桌的位置远近而定，并且右边高，左边低。桌数较多时，桌子上要摆放桌次牌，桌子之间的距离要适当。在团体宴请中，一般以最前面或居中的桌子为主桌。不论各种宴会，餐桌的摆放与座位的安排都要整齐、统一，餐布的折纹要朝着一个方向，椅背要横竖成行，给人以整体美感，当然，具体餐桌的摆放还要依据宴会地点的地形而定。

在中国，历来非常重视座次的安排，座次礼仪也是中国的传统文化，是文明礼仪的一个重要组成部分，在商务宴请中座次的安排一般要遵循以下原则：

1. 各桌同向

如果在宴会场所，各个桌子的主宾位都要与主桌的主位保持同一个方向。

2. 远座为上

如果桌子是纵向排列，那么桌次位置的高低以距离正门的远近为准，距离正门越远，位次越高贵。

3. 右高左低

如果两人同桌，并排就坐时，一般以右边的座位为上座，左边的座位为下座。因为中餐上菜的时候一般是以顺时针的方向，坐在右边座位上的宾客会比坐在左边的人优先受到照顾。

4. 靠墙为尊

在一些中低档餐厅或酒店举行宴请时，一般以靠墙的座位为上座，临近通道的座位为下座，因为坐在里面的人不会因为侍者或食客的来回走动而受到干扰。

5. 临台为上

如果宴会厅内有专用的讲台，靠讲台的餐桌就是主桌，如果没有专用的讲台，有时候就以背邻主要画幅的那张餐桌作为主桌。

6. 中座为上

当三个人共同就餐时，位次上以中间的座位为上座，两边的座位为下座。

7. 面门为上

用餐时，有人面门而坐，有人背门而坐，座次的高低在于背门与面门，一般以面门的座位为上座，背门的座位为下座。

8. 观景为佳

在一些高档宴会场所用餐时，其四周往往有较佳的景色或是一些演出，供用餐者观赏，此时以观赏角度最佳的座位为上座。

在家中举行宴请时，因正房大都坐北朝南，所以方桌的背面，也就是面门的一面应当让客人坐。门左边座位为上座，右边为下座，是为首次两席。两边座位的高低仍旧按照左上右下的位置排序，主人则要背门而坐。

点菜是一门学问

商务人士经常要参加商务活动，免不了各种商务宴请，参加不同的商务宴请，不管是何种形式，都需要有人点菜，虽说点菜看起来是一件很平常的事情，但是里面也大有学问。因为点菜是宴会的初始阶段，它对整个宴会的成功与否有很大的影响。如果点菜不得法，就可能会引起部分客人的不满，影响整个宴请的效果，甚至会对商务工作产生影响。所以说点菜也是一种技巧、一门学问。

1. 由谁来点菜

吃饭的时候点菜人的选择非常讲究，一般来说，要看请客的是谁、被请人的身份及彼此之间的关系。因为彼此之间利益关系及身份地位的不同会有几种不同的点菜方式，这里有以下几点需要注意：假如自己宴请别人，应当先让客人点菜，之后自己加菜；如果客人是外地人，对本地的饮

食不了解，则尽量自己点菜，注意照顾客人的口味；如果是陪同上司进餐，则不要因为敬重上司或是认为上司应酬经验丰富而让他先点菜，这样会让上司觉得不够体面，一般情况下，会将点酒水的权利让给上司。

2. 点什么样的菜

（1）如果是宴请外宾，应当选择有中餐特色的菜肴，如蒸饺子、狮子头、烤鸭等，因为这些菜有鲜明的中国特色，容易受到外国人的欢迎和喜爱。如果是宴请外地的朋友，则可以选择代表本地特色的菜肴，如湖南的毛家红烧肉、西安的羊肉泡馍、上海的红烧狮子头，如果在这些地方请客，点一些能够代表当地饮食文化的特色菜往往比千篇一律的海鲜更让人难以忘怀。

（2）要注意荤素搭配，如鸡鸭鱼牛羊猪等肉，一般各点一样即可；烹调的方式也要尽量各不相同，如煎炒烹炸、凉拌、锅仔等。这样一方面能够增加不同的口味，一方面也是因为烹调时间的不同而可以陆续上菜，就不会出现等半天也不上一个菜或突然一下子全上齐的局面。

（3）商务宴请也有高低档之分。最为高档的菜叫做“头菜”，燕窝鱼翅打头的称“燕翅席”。以下依次还有“燕鲍席”“燕菜席”“鲍翅席”“参翅席”“鸭翅席”，凡是能被称为“席”的，最低档的也得是“海参席”。燕、翅、鲍、参、龙虾等，也叫“大件”。

3. 点菜技巧

（1）浏览菜单。如果没有提前订餐，那么应当等大多数客人来到之后，请他们浏览菜单，并点菜。如果客人出于客气而推脱不点菜的话，也要礼貌性地请客人点。让客人浏览菜单的一个好处就是让他们了解菜的品种及价格。

（2）全方位了解。如果想要宴请成功，点菜的时候就一定要做到全方位了解。

① 了解宴请的人数，如果不知道宴请多少人，点多点少都不合适。

② 了解客人的饮食习惯、民族风俗、饮食禁忌等。

③ 了解客人的性别和年龄。

④ 了解菜品的搭配、荤素的搭配及肉类的搭配。

⑤ 了解宴请的花费。假如是普通的商务宴请，一般每道菜平均价格在

50～80元即可。如果宴请的对象是身份地位比较高的人物，就要点几道有分量的菜，如龙虾、刀鱼、鲥鱼，甚至是鲍鱼等，以示对其尊重。

4. 不同场合的点菜技巧

（1）如果商务会谈的双方是初次见面，主人点菜的原则就是体面、周到，不必太过铺张浪费。最好在点菜之前能够进行非正式的谈话，缓和氛围，促进了解，以便在宴席间能够谈笑风生，不会太过拘谨。

（2）商务谈判中的宴请要讲究档次和规格，要做到简约精致，最好将宴请的地点设在环境优雅、格调比较高的酒店。点菜的时候，主方应当主动点菜，或将菜单递给客方，请他们点菜，当然这些都是礼貌性的谦让，最后做主的仍然是主方。

（3）由于已经到了合作阶段，如何吃饭就不再是一件简单的事情了。这时候，燕窝鱼翅都是商业道具，这时候不必吝惜，要将这些道具的作用发挥得淋漓尽致。

5. 赴宴者点菜技巧

如果是参加别人的宴请，身为客人，主人请你点菜的时候，不能自作主张，不能拿着菜单翻来覆去地看起来没完，更不要看见一道菜点一道菜，这都是极为失礼的表现。一般来说，赴宴者可以点一个价格合适又符合大众口味的菜，而且可以征求一下其他人的意见，询问一下他人，比如说“有没有哪些忌口？”或是“比较喜欢吃什么？”让大家感觉到你尊重大家，也照顾大家的口味。

6. 商务宴请点菜禁忌

（1）对于宗教方面的禁忌，一定要做充分的了解，不可马虎大意。国内的佛教徒不吃荤腥，“荤”不仅包括动物性食品，还包括葱、蒜、韭菜、芥末等气味刺鼻的食物；而伊斯兰教则不食用不洁之物，包括猪肉、马肉、兔肉、无鳞鱼及动物的血和自死的动物，同时还不饮酒；而穆斯林教徒一般不吃猪肉；印度教徒不食牛肉。

（2）有些食物同时食用的话对人体是有害的，点菜的时候应当注意，不能搭配的食物包括：大蒜和狗肉、豆腐和菠菜、鸡肉和芹菜、萝卜和木耳、芋头和香蕉、羊肉和西瓜、牛肉和韭菜、木耳和田螺等。

（3）有些职业，由于特殊原因而在餐饮方面有着不同的禁忌。例

如，大多数工作人员不能在工作日的午餐饮酒，司机在工作期间更是严禁饮酒。

（4）由于种种因素的限制，有些人在饮食上往往有一些个人的禁忌。例如，肝炎病人忌吃羊肉和甲鱼；胃肠炎、胃溃汤等消化系统疾病的人也不宜吃甲鱼；高血压、高胆固醇患者要少喝鸡汤；高血压、脑血管、心脏病、动脉硬化和中风后遗症的人不适合吃狗肉等。

掌握敬酒的礼仪与时机

俗话说："无酒不成席。"在大大小小的商务宴会上，推杯换盏、觥筹交错是少不了的。而敬酒也是酒席上不可缺少的一个过程，敬酒既能表达自己对他人的尊敬，又能调节整个宴会的氛围，使其更加热烈。但是，敬酒的时候也要遵循一定的礼仪，从商务场合来说，敬酒要注意以下礼仪：

1. 斟酒的礼仪

敬酒之前要先斟酒，一般来说，在宴会上，除了主人和服务人员之外，宾客不要主动为他人斟酒。如果主人亲自斟酒，要挑选宴会上最上等的酒来斟，宾客则要起身站立，双手端杯，待酒斟满后要向主人致谢。如果不想喝太多，可以将手掌护在酒杯之前，说声"够了，谢谢"就可以。这个时候，斟酒者也要适可而止，不可强行斟酒。斟酒的时候，除了白酒和啤酒可以斟满外，其他的洋酒无需斟满。

2. 敬酒的顺序

如果参加宴会的宾客很多，那么敬酒应当按照什么顺序呢？一般来说，应以年龄大小、职位高低及宾主身份为顺序，分清主次，避免出现尴尬的情况。如果对他人的职位、身份不了解、不清楚，也应当按照统一的顺序，不可隔着人敬酒，如可以从自己身边按照顺时针方向开始，或者依照从左到右、从右到左的顺序依次敬酒。

3. 敬酒的举止

敬酒一般分为正式敬酒和普通敬酒两部分。

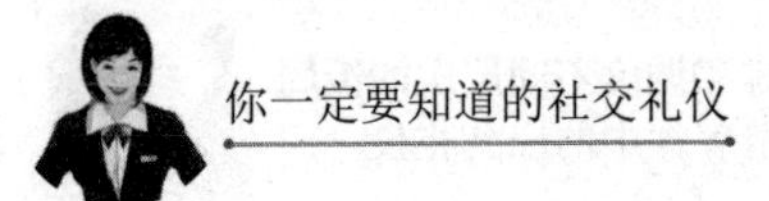

（1）正式敬酒。主人应当在宴会开始的时候，先向集体敬酒，并说祝酒词，祝酒词的内容可以稍长，但最好不超过5分钟。当向集体敬酒的时候，不论主人还是来宾，都应当站起身，面含微笑，手端酒杯，面向大家。

主人向集体敬酒并在说祝酒词期间，所有人应当停止进餐或用酒，并保持安静。主人提议干杯的时候，在场所有人都应当站起来，端起酒杯，互相碰一下，以示庆贺。按照国际惯例来说，敬酒不一定要全干，但是，即便平时滴酒不沾的人，出于礼貌，也要端起酒杯，浅浅地喝上一口。

当来宾向大家敬酒的时候，祝酒词要简短，几句话就可以。例如："诸位，祝愿我们合作愉快，干杯！"

（2）普通敬酒就是主人在正式敬酒结束之后，主人和来宾之间、来宾与来宾之间都可以互相敬，互相向对方说几句简短的祝酒词。

当他人向你敬酒时，最好起立，然后将酒杯举到眼的高度，目视对方，等对方说完祝酒词或 "干杯"之后再喝。喝完以后，还要手拿酒杯和对方对视一下，然后落座。

在中餐里，关于敬酒还有一个讲究，那就是：当主人单独向你敬酒之后，要回敬主人一杯。回敬的时候，要右手举杯，左手托杯底，与对方同时喝。干杯的时候，可以轻轻地和对方碰下酒杯，不要用力过猛，不必非碰出声响，出于对主人的尊敬，要使自己的酒杯稍微低于对方。假如和对方相隔较远，则可以以酒杯杯底轻碰桌面，表示和对方碰杯了。

而在西餐中，用来敬酒和干杯的酒一般都是香槟。而且只敬酒，不劝酒，不真正碰杯。敬酒时不能越过自己身边的人和距离较远的人干杯，特别是不能交叉干杯。

4. 敬酒的时机

在商务宴会上，很多人想要敬上司酒，但是总是犹豫不决，抓不住时机，整场宴会下来，没有向上司敬杯酒。向上司敬酒是一个很好的靠近上司的机会，找个好时机，说几句祝酒词，能够赢得上司的好感，或许能多聊几句，加深对你的印象，所以该敬酒的时候要鼓足勇气，不能被动。至于敬酒的时机，可以等其他身份高的人敬完，并等上司吃口菜之后再敬，不要太顾忌身份的差异，俗话说"酒场上无大小"，敬酒是尊敬对方。另

外，酒桌上免不了有话题说完的时候，此时可能会冷场，如果遇到这种情况，可以马上去敬上司的酒，这就是所谓的圆场，能说能喝能看眼色，这种人一般能够得到上司的喜爱。但是要注意，敬酒应当在特定的时间，而且在不影响来宾用餐的前提下进行。

工作餐礼仪

身为公司职员，经常用一些商务性的工作餐。很多人虽然参加了不少次工作餐，但是对其礼仪并不知晓。有一些失礼的行为也并不在意，导致别人心中极为不满，所以商务人士应当掌握一些工作餐礼仪方面的知识，保证有得体的举止及正确的饮食方式，以免在餐会上贻笑大方。以下是进行工作餐时应当遵循的礼仪：

1. 座次安排

工作餐不是正式的商务活动，在座次上没有太大的讲究，但是仍要注意几点细节方面的问题。

一般来说，共进工作餐的人士应当尽量在同一张餐桌上就餐，如果同一张餐桌上安排不下，则最好选择一个能够容纳全体人员的包间。如果分桌就座，就没有主桌与次桌之分。但是一般情况下主人和主宾所在的餐桌可以被视为主桌。

在餐桌上就座时，座次没有太大的讲究。不过出于礼貌，主人不应当率先就座，而是应当等宾客入座之后，自己再入座。如果主人为主宾让座，一般应当请对方就座于较好的座次，如主人的右侧或是正对面，或面对正门之处，或视野开阔之处，以便使主宾能够观赏优美的景致。

2. 菜肴选择

工作餐与正式的宴会或会餐不同，不讲究排场，不讲究铺张，只要吃饱就达到目的了。所以菜肴无需过于丰盛，而是应当以简单为主，基本上要选择清淡可口的饭菜，并要保证让众人吃饱。另外，进行工作餐的时候，最好不要喝烈性酒，以免耽误正常工作。

3. 席间的交谈

进行工作餐时，讲究的是吃饭办事两不误。而且由于工作餐时间短，宾主双方就有关实质性问题可以尽早交谈，宜早不宜迟，不要等到大家都吃饱喝足之后才开始交谈，那时候时间通常不够用。此外，进餐的宾主百忙之中抽出时间共进工作餐，目的是在吃饭的同时谈论正事，所以宾主交谈之时要紧扣话题，不宜节外生枝，也不易天马行空地谈天说地。自己说话时，不要东拉西扯，插科打诨，夸夸其谈；他人说话时，要专心倾听，既不要随意打断别人的讲话，也不要与其他人窃窃私语或七嘴八舌。

交谈的时候，要注意不能影响他人用餐，讲话的时候要懂得张弛之道，该讲的时候讲，该停的时候停。听他人讲话时，嘴里不要咀嚼东西，更不要发出声响。

4. 终止用餐

进行工作餐时，要掌握终止的时机，一般来说，一旦拟议的问题谈妥，工作餐即可结束，不要非得进行到某一时间不可。

通常来说，宾主双方均可提议停止用餐。客人长时间地默默无语，或不停地看表，主人将餐巾放在餐桌之上，或吩咐侍者前来结账，都是结束工作餐的信号。不过，在终止工作餐的问题上，主人往往要更为主动一些，要懂得观察众人，一旦到了该结束的时候就要提议结束。特别是客人提出有其他的事情要忙，或宾主双方接下来都有各自的事情要处理时，主人更应当及时地终止工作餐，宣告结束。但是，如果有人还没有结束用餐，或席间有人正言谈甚欢时，不宜提出终止用餐。另外，在工作餐的进行中，如果中途离去或不辞而别都是有失礼貌的行为。

5. 餐费的结算

在餐费的结算问题上，按照惯例，应当由做东者负责，具体来说，工作餐的付账方式有主人付费与各自付费两种。

（1）主人付费是指工作餐结束之后，由做东者负责买单结账。如果宾主双方初次相识，或交往不深，做东者不得在客人面前算账掏钱。正确的做法应当是，做东者先吩咐侍者，然后独自前往收款台结账买单，也可以先将客人送走，回过头来再买单。尽量不要让侍者当着客人的面口头报账，更不能让侍者将账单错递到客人手中。但是，如果宾主彼此熟悉的

话，做东者可以在餐桌前当着客人的面付款。

（2）各付其费指的是工作餐结束之后，餐费由全体用餐者共同支付，即各自支付各自应当支付的餐费，这种方式也被称作“AA制”。在国外，商界人士共进工作餐后，多是以此种方式买单。但采取此种结账方式时，应当事先说明，不要等大家都吃完之后再说，否则会导致场面极为尴尬。不过还要注意一点，那就是买单的时候，不论采取哪种付费方式，都要符合当地的习惯。如果因为考虑不周而遭人非议的话，那就明显是做东者的失策了。

西餐礼仪

如今，商务交流国际化的趋势越来越明显，商务人员与西方人的交流也越来越多，同样，西方人在用餐的时候也有一套自己的礼仪。所以了解西餐礼仪也是极为必要的。

1. 用餐时的着装

欧美人非常重视用餐时穿着是否得体。如果是去高档的餐厅，男士一般要穿整洁的上衣，打领带，穿西裤、皮鞋，不可以穿休闲的衣服；女士要穿套装和有跟的鞋子。

2. 就坐

赴宴时，座位礼仪也是很重要的，根据西方礼仪，最舒服的位子要让客人坐。假如桌子位于角落里，那么客人的座位应当背墙，以便让其有一个良好的视野。另外，要从椅子的左侧入座，椅子被拉开之后，身体在椅子的前面几乎到达桌子的距离站直，这时候领位者会将椅子推进来，当腿弯碰到椅子的时候就可以坐下来了。

3. 坐姿

用餐的时候，上臂及后背要靠到椅背，腹部和桌子之间保持一个拳头的距离，两脚平放，最好不要交叉或向前伸直。

4. 点菜

西餐的上菜顺序是前菜和汤、鱼、水果、肉类、乳酪、甜点和咖啡，

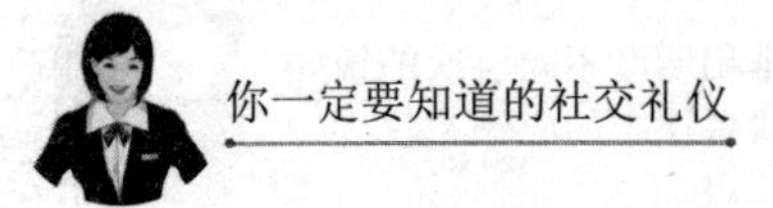

水果，还有餐前酒和餐酒。不必全点，点得过多而吃不完的话，反而失礼。不可只点前菜。最好的组合是前菜、主菜（鱼或肉择其一）加甜点。点菜时，并不是非要由前菜开始点，而是应当选一样大家都爱吃的主菜，然后选择与主菜相搭配的汤。

5. 点酒

在西式餐厅里，点酒的时候会有善于品酒的调酒师拿来酒单，所以对洋酒不是太了解的人，可以告诉调酒师自己挑选的菜色、预算及喜爱的酒类口味，然后请调酒师帮忙挑选合适的酒。

主菜如果是肉类，应当选择红酒，如果是鱼类，则可以选择白酒。上菜之前，可以先品尝一些香槟、雪利酒或吉尔酒等口味较淡的酒。

6. 餐巾的正确用法

就座之后，用餐之前，可以铺开餐巾。点完菜后，在前菜上桌之前，将餐巾打开，三分之二平铺在腿上，盖住膝盖以上的双腿部分，其余的三分之一往内摺，不要将餐巾塞入领口。

7. 品酒与喝酒

点酒时，服务员通常会将少量酒倒入酒杯，然后让客人品尝一下，辨别品质是否有误。品酒时，为了避免手的温度影响酒的温度，应当用大拇指、中指及食指握住杯角，小指放在杯子的底部。当然，这只是一种形式，品鉴者可以随意喝一小口并回签“Good”。接着，侍者就会倒酒，这个时候，不要去端酒杯，而是应当将酒杯放在桌子上，由侍者去倒。

喝酒的时候，不可以吸着喝，而是应当将酒杯倾斜，像是把酒放在舌头上一样去品尝。喝酒之前，可以轻轻摇晃酒杯，让酒与空气充分接触，以增加酒香，但是不要猛烈地摇晃。此外，酒要慢慢地品，不能一饮而尽，也不能举着杯子，透过杯身看人，这都是不礼貌的行为。女士喝酒的时候，杯子上如果留下口红印，不要用手指去擦，而是应当用面巾纸。

8. 喝汤

喝汤的时候也不能吸着喝，而是要先用汤匙把汤舀起，然后将其送入口中，汤匙与嘴部最好呈45°。喝汤时，身体上半部稍稍前倾，碗中的汤即将喝完时，可以稍稍将碗抬高。如果使用的是有握环的碗，那么就可以直接抓住握环端起来喝。

9. 吃面包

吃面包的时候，不要张口就吃，而是要先用两手将面包撕成小块再拿来吃。吃硬面包时，就不宜直接用手撕了，因为用手撕不仅费力，而且面包屑也会掉的到处都是，这时，可以用刀子将面包切成两半，再用手撕成小块吃。注意用刀切面包的时候，不要像拉锯式的割面包，且不要弄出声响。

10. 吃鱼

因为鱼肉鲜嫩易碎，应当注意切鱼的方法。首先，用刀在鱼鳃附近划一条直线，刀尖不可刺透，刺入一半即可。把鱼的前半身刺开之后，由头开始，把刀子插在骨头下方，然后向鱼尾方向划开，把针骨剔掉并挪到盘子的一角。最后再把鱼尾切掉。由左至右，边切边吃。

11. 刀叉的使用原则

基本原则是右手拿刀左手拿叉。正确的拿法是，轻握住刀叉的尾端，食指按在柄上。汤匙则可以用握笔的方式去拿。如果不习惯，可以换成右手拿叉，但是不要频繁更换，那样显得粗野。

12. 中途休息时刀叉的摆放

如果中途想要稍微休息，应当把刀叉摆成八字形状，放在盘子的中央。刀叉部分露在盘子的外面，既不安全，也不美观。在餐桌上，千万不要一边说话一边挥舞刀叉，不要夸夸其谈。同外国人吃饭不必太过客套。如果是你请客，不要让客人看见账单的金额，不要对账单提出质疑或议论价格；如果你是客人，要向请你吃饭的主人道谢的话，应当在饭馆外进行，不要在付账时道谢。

第十章 有“礼”走遍天下
——出行中的应酬礼仪

出行礼仪指的是人们在出行时应当遵循的礼仪规范。出行总离不了乘车走路，不管是开车，乘坐火车、飞机、轮船，还是步行，都有一系列的礼仪需要遵守。出行的时候遇见的往往都是陌生人，所处的环境也较为新鲜，所以在礼仪方面有时候并不是很重视，但是越是在陌生的环境中越是能够检验一个人真正的素质，树立一个人的形象。

商务旅行应提前做好准备

商务旅行又叫公干或出差，是商务人士以商务或其他相关商务活动为导向的一系列活动的统称。它包括差旅、商务考察、会展、奖励旅游及培训研修等内容。不论是外出洽谈业务，商讨合作事宜，还是外出旅行、参加培训等，出行之前，要做好充分的准备，如果没有充分的准备，出发的时候可能就会手忙脚乱、丢三落四，给商务旅行带来很大的不便。具体而言，在商务旅行之前，要做好如下准备工作。

1. 安排日程

出发之前，商务人士要考虑好：什么时候出发最为合适？去的时候应当坐火车还是乘飞机？除了要洽谈业务（或办理其他公务），还有没有其他的事情要处理？这次旅行需要准备哪些东西？对于这些问题，商务人员在出发之前最好先制订一个提纲，做好日程安排。安排日程的时候，一定要保证留有充裕的时间做正经事，尤其是第一次去的地方，更要做好详尽的安排。还要了解一下目的地的环境、气候、交通等方面的情况，这能够对商务人士合理安排日程提供重要的参考。

2. 预订车票（或机票）

在进行商务旅行的时候，一定要预先订好车票或机票。由于各个公司对职员的出差待遇有不同的规定，例如，并不是每个出差的人都享有坐飞机头等舱的权利，所以在预订车票或机票之前，要搞清楚自己享受的是哪一级的待遇。另外，在预订票前，一定要查询最新的列车或飞机的时刻表，因为现在有许多季节性或临时性的车次，如果稍不留心，就可能订不上。为了不耽误商务旅行的进程，可以准备其他可行的方案，这样就能够根据实际情况灵活地换乘其他交通工具。

3. 联系住宿

如果出差的目的地有自己公司的事务所或子公司的话，就可以麻烦当地同事为自己安排住宿。如果没有，可以咨询当地的旅游或交通部门，让他们为你介绍价格合理、环境舒适的住处。最好不要擅自去找客方或代理商，一旦去找，他们会万分热情地邀请你去他们那儿住宿，而越是热情万丈，带来的麻烦可能越多。

4. 出行需要携带的物品

商务旅行之前，下列物品一般是必须要带的：活动日程表、地图、交通图、名片、资料、笔记本电脑、照相机、收录机，以及其他的备用品，如备用眼镜、替换的衣服、袜子、洗漱用品、药品等。但是，在携带物品的时候要有所取舍，不能这也想带，那也想带，甚至恨不得连家都想搬过去，毕竟这只是出行，不是去定居。必须要携带的东西一定要带，而可带可不带的就尽量少带或不带。

5. 注意事项

（1）出发之前，要最后检查一下自己的行李物品，看看是不是有什么东西遗忘了，如身份证、车票等，如果遗忘了，这个时候还来得及补上。

（2）出发当天，要检查一下火车或飞机运行情况，尤其是飞机，有时候可能会因为天气恶劣而误点。如果经常乘飞机出行的话，一定要向机场方面询问一下当天的航班情况。

乘坐公共交通工具的礼仪

对于商务人士而言，乘坐地铁、出租车、公交车、火车等公共交通工具是必不可少的，所以出行的时候一定要注意乘坐公共交通工具的礼仪，注意自己的言行举止，尤其是交通多样化的今天。

1. 地铁

如今，随着城市发展进程加快，地铁成了越来越重要的交通工具。特别是在中国，高峰时段地铁运输量特别大，人流众多，乘客往往摩肩接踵，如果遇到节假日，更是人潮汹涌，所以乘坐地铁时要特别注意安全。一般来说，乘坐地铁要注意以下礼仪：

（1）进入地铁站后，上下楼梯靠右走，不要走在逆行道上，以免与他人发生碰撞，或耽误他人的时间，扰乱行进秩序。

（2）搭乘电动扶梯时，要面向行进方向靠右站立，不要站在中间或左边，以免挡到后面赶路的人。同时，双手要握紧扶手，双脚在黄色框线外站稳。

（3）如果看到旅客在电动扶梯上跌倒，不要慌乱，协助按下紧急按钮。

（4）按照月台指示线自觉排队，地铁开门时，要站在门的两边，遵循“先下后上”的原则，等乘客下来之后再陆续上车，不要拥挤。

（5）进入车厢之后，不要大吵大闹，注意维护公共秩序，保持安静。

（6）遇有老弱妇孺等，应当主动让座。

（7）地铁内不可以吃东西或是喝饮料，要保持车厢的整洁。

（8）到站之后，下车时不要争先恐后，不要不顾一切地低头往外冲，要有秩序。

2. 出租车

对于商务人士来说，如果路途不太遥远，那么出租车往往是其首选，因为出租车灵便快捷，它不像公交车那样必须到站就停，它可以直奔目的地。乘坐出租车时要注意遵守以下礼仪：

（1）最好在安全适当的地点拦截出租车，不要在马路上随便招手，以免妨碍交通。

（2）乘车时最好少与司机交谈，以免分散司机的注意力。

（3）下车的时候，要提前通知司机。如果不知道明确的路径，只要告诉司机目的地即可，不要在车上胡乱指挥。

3. 公交车

搭乘公共交通工具时，要自觉遵守交通秩序，遇到老幼妇孺的时候，要帮助他们上车。上车后主动购票或自动投币，买好票之后应当尽量往里走，不要堵在车门口，以免影响他人上下车。在车上不要喧哗，接打电话要小声，最好不影响他人。遇到老幼病残孕等乘客主动让座，下车的时候不争不抢，按照先后顺序上下车。

4. 观光巴士

搭乘大巴的时候，不要在车上喧哗，不要干扰司机驾车，以免危及乘客的安全。保持车内清洁，游览车上尽量不要吃零食或喝饮料。乘车时，注意谈话内容，最好不要谈论公事或是涉及他人隐私的话题。

5. 火车

火车的好处是便利、准时、安全，所以很多商务人士在长途旅行的时候往往都会选择火车。乘坐火车的时候，应当遵守以下礼仪：

（1）不要携带太多的行李。火车车厢空间有限，最好不要携带大件行李，而小的行李则必须要包扎好，不要堆放在车厢中间的过道上，影响他人走动，而是应当放在自己座位上面的行李架上。如果是乘坐卧铺，更要注意不应当因为行李问题而引起不必要的纠纷。

（2）对号入座。有的时候商务人士可能因为路途遥远，在车上的时间较长，需要在车厢中过夜，特别是在卧铺车厢中，由于老幼妇孺上下铺行动不方便，所以应当让他们睡在下铺。另外，要对号入座，即要各自坐在车票上显示的座位上，不要随便更换座位或强占他人的位置。

（3）车厢内保持安静。由于车厢是密闭空间，而且乘客很多，与人交谈的时候应当注意自己的音量。如果乘坐的时间长，旅客们互相聊天解闷是很自然的事情，但是如果邻座的乘客正在休息或阅读，就不要打扰他们。即便在谈话的时候，也应当对自己的音量有所控制，不要影响他人休息。

（4）用餐礼仪。在火车就餐的时候，如果准备好了食物，最好在自己的座位上用餐，要将食物堆放整齐，吃完之后收拾干净，不可随手乱丢。如果去餐车用餐，要预先订好餐位，等随车服务人员通知后再去餐车。由于在餐车用餐的人较多，用餐时间不宜太久，以免影响他人。

（5）手机的使用。由于火车车厢是公共场所，所以最好将手机调至震动模式，不要影响其他乘客。接打电话时，要轻声细语，不要高声大嗓，更不要大吼大叫，甚至使整个车厢的人都能听见。目前许多国家禁止乘客在车厢内使用手机，专门设立了车厢，供接打电话时使用。虽然我国并没有禁止在普通车厢内使用手机，但还是应当自觉地遵守使用手机时的礼仪。

（6）卫生间的使用。首先，进卫生间之前，要先敲门，确定无人使用后方可进入，如果等候的人很多，要按照顺序进入，不能争抢。其次，不管在火车上，还是在其他公共场所，使用卫生间的时候一定要记得关上门。最后，要多为他人着想，不宜久占，使用后要注意冲洗，保持卫生间的清洁。

（7）乘坐及上下车的礼仪。乘坐火车的时候，如果是团体出动，位低者先下后上，位高者先上后下。火车开动之后，切记不可在后追赶或从车上跃下。

乘坐飞机时的礼仪

由于商务人员业务繁忙，经常要东奔西跑，每位商务人士都可能会乘坐飞机商务旅行。在乘坐飞机时，要想保持良好的职业形象，避免出现尴尬的情况，商务人士应当遵循以下乘坐飞机时的礼仪：

1. 乘机之前的礼仪

（1）按照旅行目的着装。乘坐飞机做商务旅行之前，首先要考虑自己的着装，最好能够选择职业装，因为在机场迎接的人可能会是你的客户或能够促使你成功的重要任务，所以在商务旅行时要注意保持自己的职业形象，不要穿得过于随便，而是应当时刻给人一种职业精英的感觉。

（2）提前到达机场。机场人员通常会要求旅客提前半小时登机，飞机场一般都设置在距离市区比较远的郊区，所以商务人士最好能够提前到达机场，避免因为堵车等原因而赶不上航班。另外，登机前还要办理各种手续，如领取登机牌，做安全检查，所以一定要提前到达机场，做好乘机前的准备工作。

（3）不要携带危险物品。乘机时，不要携带易燃易爆等危险物品。诸如水果刀、女士用的修眉刀与修眉剪都要放在托运的行李中，不要随身携带，否则这些物品可能无法通过安全检查。如果随身携带了液体物品，那在进行安全检查的时候应当将液体物品拿在手中或是放在容易拿出的地方，以缩短安全检查的时间。

（4）飞机起飞前，要将椅背扶正，收好脚踏板及桌面，系好安全带。机舱内禁止使用手机及其他电子通讯设备。

2. 乘机时的礼仪

（1）放置好行李。通常，乘务人员会在起飞前检查乘客的行李是否已经放好。为了避免延误起飞时间，应当主动将随身携带的行李放入上方的行李舱中。

（2）对邻座的乘客要礼貌。入座以后，可以向旁边的乘客微笑致意，如果乘客不想和你聊天，就不要去打扰他们。因为对于很多人来说，乘飞机时是他们非常宝贵的休息和放松的时间。同样，如果有乘客主动想与你聊天，而你又没有精力的时候，可以说：“抱歉，我想睡一会儿。”

（3）遵从安排。飞机起飞前会播放安全注意事项。这个时候要保持安静，仔细聆听每项，并按照指示去做。即使经常坐飞机，对安全注意事项熟谙于胸，也不要打扰旁边的乘客，或许他是第一次乘坐飞机，对这些安全注意事项并不熟悉，如果你们聊天，可能会错过一些极为重要的内容。

（4）尊重乘务人员。乘务人员承担着保护乘客的重要职责，在飞机上，不要无故刁难他们，更不可将其当成你的个人保姆。如果乘务人员有服务不周、让你不满意的地方，可以向航空公司有关部门投诉，不要在飞

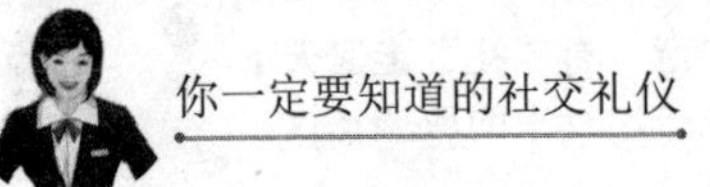

机上大吵大闹，以免影响旅行安全。

（5）礼貌用餐。用餐时，要将椅背竖直，并且将前座背后的小桌子放下来，方便服务人员放盘子。用餐的时候，不要在座位间进进出出，如果要放倒椅背，应当事先通知后座的人，以免给人造成不便。在用餐期间，不论个人是否用餐，都要将椅背竖直，方便后座乘客能够顺利用餐。在头等舱点餐的时候，不要点太多的食品，也不可要求乘务员提供奇特的食品。另外，虽然头等舱酒水免费，也不要多喝。如果个人在饮食上有特殊要求，应当在预定座位的时候提前向航空公司提出申请。

（6）如果遇到了事情，需要空乘人员帮助，不要大呼小叫，应按服务铃。空乘人员除了协助用餐及贩售免税商品之外，还受过各种训练，掌握多种急救方法，如身体不适，可以请其协助。当遇到重大干扰气流，导致飞机不稳的时候，不要惊慌，要听从空服员的指示。

（7）上卫生间的时候，要留意门上的标识，如果是“OCCUPIED”字样，意味着有人在使用；如果是“VACANT”字样，表示无人，这时可以入内，进去之后要记得将门锁上，用完之后要按下“FLUSH”键冲水。如果卫生间前有多人等候，应当按照次序。洗好手后，要将洗水槽四周擦干，以便下位使用者使用。

（8）不要影响他人。当夜间做长途飞行时，注意要关闭阅读灯，不要影响他人休息。另外，不要将椅背放得过低，因为飞机上两排座椅之间的距离通常较为狭窄，如果将椅背放得太低的话，后面乘客的腿就难以伸开。如果想要将椅背放下，应当先和后面的人打招呼，看他们是否方便，不要突然操作，以免碰到后面的乘客。

（9）下机保持秩序。飞机停稳之前，不要急忙起身，这是很不安全的。要等信号灯熄灭之后再解开安全带，下飞机的时候要保持秩序，不要拥挤。

如何选择商务酒店

酒店是一个人在外旅行时候休息的场所，商务人士在商务旅行的途中，选择一个好的酒店无疑会使商务旅行更为惬意，也能使自己得到更好的休息。所以说，商务酒店在商务旅行中占有很重要的位置，商务人士应当懂得如何选择商务酒店。

1. 预订酒店

商务人士在将要出行的时候，最好事先安排好落脚之处，以免到了目的地因为找不到合适的酒店而犯愁。所以酒店的预订显得格外重要，一般来说，有以下两种方式：

（1）电话预订。通常有以下几个步骤：拨打24小时酒店预订热线，告诉工作人员你要预订的酒店名称、入住时间、入住人数、付款方式及联系方式等信息；酒店接到预订电话后，会在很短的时间内让你确认回复；收到订房确认后，需要付款，你可以选择前台现付方式或银行转账方式；预订完成，到达旅行地后可以直接入住所预订的酒店。

（2）网上预订。包含以下几个步骤：填写个人信息及预订表；收到预订信息之后，酒店方面一般会在八个小时内给你准确的回复；收到订房确认之后，可以选择前台结付方式，也可以通过银行转账方式缴纳客房费，同时注意保留汇款底单；预订完成，到达旅行地之后，向前台出示证件即可入住。

2. 选择酒店

选择酒店的时候，以下几个因素是需要重点考虑的：

（1）品牌。通常而言，品牌代表着酒店的质量，同时也是服务的保证。越是成熟的酒店，特别是国际化的酒店集团，如洲际、香格里拉、希尔顿、喜来登等，越是注重品牌的塑造，他们提供的硬件方面的设施及软件方面的服务水平都能够让人放心。一般来说，商务酒店大多是四、五星级，商务人士应当根据自己公司的实力及形象选择相应档次的酒店。

（2）价格。商务人士选择酒店的时候必须要考虑价格。在价格方面要能够做到知己知彼。所谓知己，就是要考虑自己每年商务旅行的次数、频率，出行的时候是什么季节，一般需要住多长时间，公司为旅行确定的预算是多少；所谓知彼，就是要了解酒店在营业旺季、平季及淡季推出的不同的价格政策。

（3）位置。在选择酒店的时候，一定不要忘了查询酒店的位置，记住

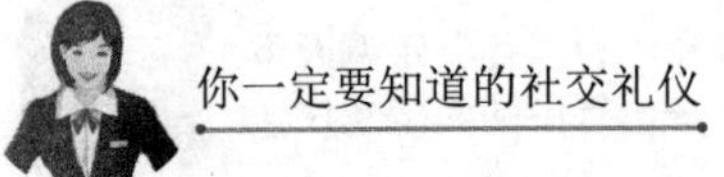

要挑选地理位置优越的酒店。通常来说，优越的地理位置包括以下要素：交通便利；临近商务密集区，便于参加各种商务活动和会议；四周有知名的特色餐厅，方便宴请宾客；离主要的旅游观光景点、休闲活动场所比较近，便于在商务之余观光休闲。

（4）一般性服务。选择酒店的时候，除了能够满足一般的入住要求之外，商务人士还应当了解酒店的商务设施是否齐备，是否有专门为商务旅行者提供的特殊服务，如是否配有电子会议室，是否有宽带上网服务，在酒店内部是否能够随时无线上网等。

（5）个性服务。有些酒店专门为入住行政楼层的客人提供了一些个性服务，如为商务人士免费提供几个小时的商务会议室使用时间；设立行政酒廊，客人和当地的合作伙伴可在此会晤；设置相对独立的小型商务中心，专门服务于商务客人。

“小费”里约定俗成的规矩

“小费”据说源于18世纪的伦敦，当时一些酒店的餐桌上摆着写有“保证服务快速”的碗，一旦顾客将零钱投入碗中，就能得到服务员迅速而周到的服务，久而久之，就形成了“付小费”的风气。在国外，很多国家都有向服务人员付小费的习惯，这既是感谢对方提供的服务，也是对对方的尊重。身为商务人员，去海外做商务旅行是免不了的，所以应当了解一些小费里暗藏的规矩，避免因为忘记或不会付小费而给自己的海外出行带来不必要的烦恼。首先，我们了解一下各国付小费的习惯：

1. 日本

进入饭店大门的时候，顾客可以向女接待员付一些小费，而对于其他服务人员则不必付。

2. 新加坡

如果给服务人员小费的话，会被认为服务质量差。

3. 泰国

接受服务之后是一定要付小费的，不论多少。

4. 瑞士

餐馆内不公开收取小费，但是司机则可以按明文规定收取10%的小费。

5. 意大利

小费往往是遮遮掩掩的，当你遇到“拒收”的“示意”时，最好能够乘送账单的时候将小费奉上。

6. 法国

付小费是公开的，一般来说，服务型行业小费的最低标准是收取价款的10%。

7. 美国

小费现象非常普遍，也是一种礼节性行为，通常顾客都是主动给服务人员一些小费。

8. 墨西哥

付小费是感谢对方的服务，而收小费则是感激对方的慷慨。

9. 北非及中东地区

收取小费是天经地义的。因为从事服务性工作的人中有许多是老人和孩子，而这些小费是他们全部的收入，所以一旦顾客忘了付小费，他们就会追上去索要。

上面是一些国家收取小费的习惯，那么，哪些行业是需要收取小费的呢？

（1）酒店：门童、行李员、送餐员、客房服务员。

（2）餐厅：领位员、侍者、乐手、卫生间保洁员。

（3）美容美发、美容师、发型师、泊车者。

（4）出租车司机。

（5）影剧院：衣帽厅侍者、节目单发放者、剧场领位员。

（6）旅游观光：导游员、驾驶员。

另外，在不同的国家还有各种不同的付小费的方式，主要有以下几种：

（1）除宾馆、餐厅外，把小费打入账单比较少见。

（2）不找零。

（3）多付现金当做小费。

（4）有的地方习惯私下将小费给服务人员。

（5）有的地方习惯将小费放在床头、茶盘或酒杯之下。

（6）有的国家禁止小费，消费者可以送些小礼物给服务人员。

在不同的地方，小费的多少也是有讲究的，不可以随便给。给的少了，对方会认为你对服务不满意，或是过于吝啬；而给的多了别人则会认为你爱炫耀。目前主要有两种支付方式。一种是按照一定比例付小费，例如：在酒店，小费占消费总额10%~15%；在餐厅，占消费总额5%~20%；出租车，一般为15%；在酒吧，占消费总额15%；美容美发，按本人消费总额的10%~20%。另外一种是按照各地约定俗成的小费额度来支付，例如：在宾馆，给门童应该1美元左右；给客房服务人员的小费在1 ~2美元；在机场、港口、火车站，按照行李件数给行李员小费，一般一件行李0.5 ~1美元；观看影剧时，给领位员与发放者的小费，应为0.5 ~1美元；在卫生间给保洁员应为0.5美元左右。

在付小费的时候，也有一定的礼仪，不能居高临下以一种施舍的姿态或是像“大爷”似的给对方。付小费的时候有五点需要注意：尊重对方；要悄悄地给；掌握给小费的时机；按质付费；区别不同地方的付费方式。

亚洲国家礼仪习俗

亚洲虽然是世界上语言、种族、宗教种类最多的地区，但各国有一个共同特点，就是都很注重交际礼仪。下面我们简略地介绍一下各个国家不同的礼仪习俗。

1. 日本

日本是世界上的商业大国之一，自古以来，就与我国有密切的联系，日本人极为重视礼仪，与之交往时，一定要了解其商务习俗及禁忌。日本人一般都比较稳重、认真、谨慎、自信，有着强烈的事业心和进取心，在经商方面有着强烈的东方风格。

（1）日本人对礼节非常重视，与日本商界人士交往的时候，一定要注意自己的服饰、言谈举止。与日本人初次见面时，一般要鞠躬，并不握手。之后互递名片，如果没有名片，可以针对自己的姓名、所在的工作单位及担任的职务等进行自我介绍，如果是老朋友或熟人，可以主动握手或拥抱。日本人鞠躬的时候很有讲究：第一次见面时，往往行“问候礼”，鞠躬的度数是30度；分手离开时行“告别礼”，是45度。日本人常用的礼貌用语有“您好”“您早”“再见”“请休息”“晚安”“对不起”“拜托您了”“请多关照”“失陪了”等。

（2）日本人无论做什么事情，都极为认真，在开展商业谈判的时候，他们会事先写好详实的计划方案，并做充足的准备；如果在谈判中出现了波折或其他变化，他们会夜以继日地将其形成文字，使对方能够充分理解，并争取创造合作的机会。所以同日本人交往的时候，一定要做好充足的准备，同时还要具备高度应变能力。

（3）日本流行送礼。曾经有一位欧洲人在日本做过一项调查，京都的一个家庭每月平均送收礼品的次数达到23.7次。每年的“岁暮”和“中元”是送礼的高峰期。他们既讲究送礼，也讲究还礼。商务人士如果想要和日本商界人士建立良好关系，可以在这方面做一番研究。但是，与其他国家不同的是，日本人送礼、还礼的时候一般都是通过运输公司的服务员送货上门的，送礼与收礼的人不见面。

（4）在商务谈判中，日本人不会鲜明地表达自己的意图，这也常常使另一方产生模糊、含混不清的印象。应当记住的一点是，谈判的过程中，如果日商在你表述意见的时候不时地点头，并不代表他对你的看法表示同意，仅仅代表他听懂了你的话。他们在签订合同之前很谨慎，而且从合同审查到签订会经历很长的一段时间，一旦签订之后，他们会极为认真地履行合同，同时对对方在合同的履行方面也严格要求。所以，同日商签订合同的时候要万分注意，事先最好有中间人介绍，在合同签订之前一定要仔细审查，将每一项条款都理解清楚，不要出现模棱两可或是存在歧义的条款，以免日后造成不必要的纠纷。

（5）日本不流行相互敬酒，与日本人共饮的时候，不必劝他们开怀畅饮。日本人不会轻易地让人进入他们的重要部门，他们不会在办公室里接待客人，而是会将客人带到会议室或接待室。

（6）日本人生活节奏很快，时间观念强，做事有效率，基本上不拖延，遵循“当日事当日毕”的原则。

（7）同日本人交往的时候，不要打听他们的工资收入，这是日本人所忌讳的。而年轻的日本女性则忌讳别人打听她的姓名、年龄及是否结婚等。

（8）在商品的颜色上，日本人讨厌绿色，爱好淡雅的颜色，而且商品上禁用荷花（被视为丧花）、狐狸（象征贪婪）、獾（象征狡诈）等图案。在日本，送花的时候也要注意，不要送白花（象征死亡），去探望病人的时候，不可以送玫瑰或是盆栽植物。菊花是日本皇室专用的花卉，民间一般不可以互相赠送。日本人最喜欢的花是樱花。

2. 韩国

韩国也是一个礼仪之邦，他们的风俗习惯与我国的朝鲜族大同小异，而其商务习俗比较复杂：

（1）去韩国进行商务拜访或交流时，最好将时间定在2月至6月、9月、11月和12月上旬，尽量不要在节日诸多的10月及7月到8月中旬、12月中下旬。

（2）韩国商务人士同陌生人来往时，要有一位双方共同信任的中间人做介绍人，这样他们才会信任你，否则很难赢得对方的信赖。为了方便介绍，要准备好名片，中英文或韩文均可，但是不要使用日文。如果需要去公司拜会，最好提前约好时间，会谈的时间最好安排在上午10点、11点左右，或者下午2点、3点左右。

（3）进行商务交谈的时候，最为重要的就是双方建立信任及融洽的关系。否则谈判就会拖延很长时间，特别是在韩国进行长期业务活动的时候，需要多次访谈才能够获得对方的信任。

（4）韩国商人非常敏感，他们不喜欢直接说或是听到别人说“不”字，所以，他们有时候会用“是”字表达他们否定的意思。此外，韩国人比较重感情，如果在人际交往中，他们觉得对方对自己稍有不尊重，生意就有可能终止。他们对商务接待非常重视，接待客人的时候一般会在饭店进行宴请。吃饭的时候，所有的菜会一次性上齐。饭后娱乐活动也很丰富，如邀请客人去舞厅娱乐、喝酒、唱歌等。

3. 新加坡

新加坡商人的特点是城市、文明、谦虚、礼貌。他们在进行商务谈判的时候，一般有以下三大特点：一是谨慎，他们从来不做没有把握的买卖；二是守信用，只要签订了合同，就一定会认真履行；三是重情义，看“面子”，尤其是对老一代人而言，“面子”的大小往往对生意的成功与否有着决定性的作用。

同新加坡商人交往的时候，不要对他说“恭喜发财”，因为他们认为“发财”是指“发不义之财”，如果讲“恭喜发财”，他们会认为这是对他们的侮辱。

在新加坡，留长发的男子不受众人的欢迎。

新加坡整个国家都非常讲究文明卫生，注重环保，新加坡禁止随地吐痰、随地扔烟头，如果违反，则要遭受罚款。

4. 马来西亚

与马来西亚商人进行会谈的时间最好选择在3月至7月，因为大多数商人会于11月到次年2月间休假旅行。商务活动期间应当避开斋月及其他重大的传统节日。

马来西亚人忌讳黄色，喜爱绿色；忌讳的动物有猪、狗，但是对猫却极为宠爱；忌讳的数字为0、4、13。

5. 泰国

泰国是笃信佛教的国家，双手合十礼仪习俗与佛教的合掌作揖礼有着密切的关系。人们逢遇喜庆吉日或迁居、丧葬等，一般要邀请亲朋好友和僧侣参加。如果是官方举办的，被邀请的人数为双数，若是私人聚会为单数。但从民众习惯上来讲，多数人喜欢请9人，其原因是泰文“9”的发音是吉祥之音，它的含义是“向上”“兴旺”“发达”；再有的还说泰文“9”似一头大象，大象又是吉祥的象征。泰国有个特有的国俗民风，男子一生都要当一次和尚，少则三个月，多则三五年，甚至终生。没有当过和尚，不能视为成年人，既让人看不起，连求偶都会很困难。泰国和尚可以不向任何人施礼（因为人们认为和尚的袈裟代表佛）。他们惯于准时赴约，认为这是个礼貌的问题。他们视白象为国宝和吉祥的象征，常用它表示智慧、力量和忠诚。他们偏爱蓝色，认为蓝色象征着“安定”和“永

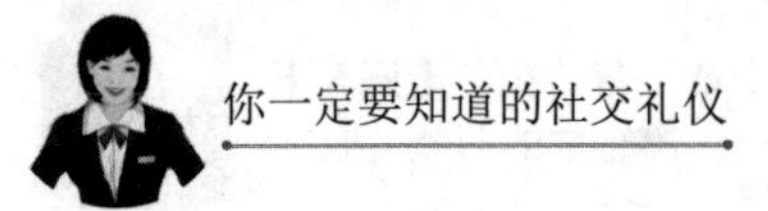

恒”。“荷花”倍受泰国人的喜爱。他们常借荷花赞美人的气节。

6. 印度

印度人见面的礼节有合掌、举手示意、拥抱、摸脚、吻脚。一般两手空着时，口念敬语“纳马斯堆”，同时要施合掌礼。合掌之高低，对长者宜高，两手至少要与前额相平；对晚辈宜低，可齐于胸口；对平辈宜平，双手位于胸口和下颌之间。若一手持物，则口念“纳马斯堆”，同时要举右手施礼。对于长辈，或对某人表示恳求时，则施摸脚礼（即用手摸长者的脚，然后再用手摸一下自己的头，以示自己的头与长者的脚相接触）。摸脚和吻脚礼是印度的最高礼节。现代在社交场合上的印度男人们，也开始运用握手礼节了，但印度妇女除在重大外交场合外，一般不与男人握手。

7. 印度尼西亚

印度尼西亚由多个民族组成，而这些民族又各自有特殊礼仪与禁忌，所以如果到印度尼西亚做商务旅行，最好先了解一下当地的礼仪及禁忌。

如果想要前往印度尼西亚洽谈商务，最好将时间定在每年9月到次年6月之间，因为大多数印度尼西亚商人都会在7月至8月外出避暑度假。

印度尼西亚商人待人极有礼貌，从不在背后说他人的坏话，而且行业内部也会彼此扶持、互相帮助，但是很难成为推心置腹的朋友。然而，一旦建立了牢固的感情，与其合作起来就比较容易，也比较可行。

印度尼西亚商人喜欢别人到自己家里拜访。家庭拜访能够大大地提高与印度尼西亚商人进行商务合作的几率。

8. 菲律宾

菲律宾人大都信奉天主教，其文化带有明显的西班牙色彩。菲律宾南部的居民，多数信仰伊斯兰教，遵循伊斯兰教规。所以同菲律宾商人交流的时候，要注意避开这些宗教禁忌。

9. 阿联酋

阿联酋人以热情好客、举止文雅、谦恭有礼而著称。阿联酋的妇女地位低下，一般都不准会客或在公共场合露面。他们习惯用咖啡敬客，客人要连喝主人敬的三杯咖啡算是礼貌，如不想喝，只需不停地摇动手中的杯子，主人便会理解你的意思。他们与宾客相见时，总乐于先说一些诸如“你好”“欢迎”之类的寒暄话，告辞时，习惯说“再见”。

阿联酋人在社交场合与客人相见时，一般都惯以握手为礼。他们与亲朋好友相见时，习惯施亲吻礼（即亲吻对方的双颊，对方也应还之以礼，以表示尊敬）。

阿联酋人绝大多数信奉伊斯兰教。最忌讳有人用脚掌对着他们。认为伸脚掌是一种侮辱人的动作，令人不能接受。他们忌讳左手传递东西或食物。认为左手是肮脏、下贱之手。用左手传递东西或食物，即是对人的极大不敬，甚至有污辱人之意。他们忌讳问候对方的女眷，认为这是不礼貌的。忌讳以酒或女人照片作为礼物，认为这是违犯教规、不能让人接受的东西。

阿联酋属禁酒国家，人们是不能饮酒的。他们还禁食猪肉和使用猪制品，也不吃动物内脏。他们的饮食以发酵面饼、玉米饼为主，常吃的菜肴有西红柿沙拉、洋葱拌辣椒、羊肉串、烤火腿等。他们喜欢吃中餐，但是用餐不使用筷子，而习惯以手抓饭。

大洋洲国家礼仪习俗

澳大利亚和新西兰都位于大洋洲，下面简单介绍一下这两个国家的风俗习惯。

1. 澳大利亚

出于历史的原因，英国移民的后裔占有绝大多数，澳大利亚是由欧洲移民组成的英联邦成员国之一。大多数澳大利亚人信奉天主教和基督教。

由于澳大利亚深受英联邦民族、宗教、语言、文化和生活习惯的影响，他们在待人接物方面有着十足的英国味。但是，随着近些年来英国的日渐衰微和美国的快速崛起，美国的社交礼仪也逐渐深入了澳大利亚，并被澳大利亚人所接受。

澳大利亚人与人见面时行握手礼，而且热情高涨，彼此称呼名字，表示亲切，握手时也非常热烈。澳大利亚人做事认真且爽快，喜欢直来直往，讨厌拐弯抹角，他们喜欢交朋友，即便见到陌生人也乐于主动寒暄，如果两人能够共饮一杯，那么他们就把你当成了一位新朋友。

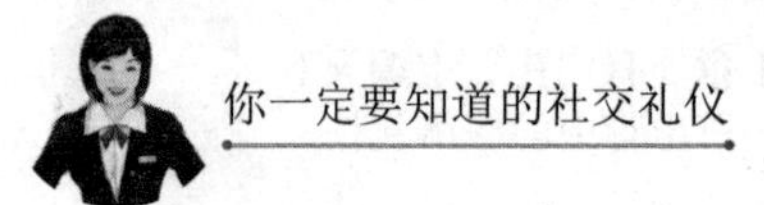

澳大利亚人非常注重效率，在商务活动中也是如此，这导致他们在商务谈判中有两个突出的特点：一是对采购的物品及输入劳务等都采用“招标”的方式，以便能够在最短的时间内用最低的价格找到合作伙伴，如果向他们漫天要价，以期在谈判中慢慢磋商的话，澳大利亚人不会买账；二是在商务谈判中，澳方派出的商务代表一般都有对事务的决策权，他们也会要求对方派出具有决定权的人物来，他们不喜欢那种漫长的商谈。

2. 新西兰

新西兰历史较短，它是于1907年独立的英国殖民地，如今是英联邦的成员国。国民绝大部分是英国移民的后裔，通用语言为英语。

新西兰人同外人相见时主要有以下三种见面礼节：一是握手礼，这也是新西兰人最为常用的见面礼节，但是与新西兰的妇女握手时，必须要等对方先伸出手；二是鞠躬礼，他们向尊长行礼时，往往会采用鞠躬礼，他们的鞠躬与中国的有所不同，新西兰人在鞠躬的时候是抬头挺胸的；三是注目礼，路遇他人的时候（包括陌生人），新西兰人一般都会出于礼貌向对方行注目礼，即面含微笑，目视对方，同时问候对方。新西兰的毛利人会见客人的最高礼节是施“碰鼻礼”，碰鼻子的次数越多，时间越长，礼就越重。同新西兰人交谈时，应当回避种族问题，不要将新西兰作为澳洲或者“澳大利亚”的一部分。

新西兰人将“13”视为最不吉利的数字，不论做什么事情，在什么场合，都会极力回避“13”。在国内，他们忌讳男女一起活动，即便看戏或是看电影，也分为专门的男子场和女子场。他们反感那些当众剔牙或嚼口香糖的人，将当众闲聊、吃东西、喝水、抓头皮或是紧裤带等行为视为失礼的举止。另外，新西兰的毛利人非常反感他人对他们拍照，不喜欢吃带粘汁或过辣的菜肴。

第十一章　修养代表着你和你身后的机构
——公共场合中的应酬礼仪

公共礼仪，具体来说就是人们身处公共场所时应当遵守的一系列礼仪规范。公共场所最大的一个特点就是它的公用性和共享性，它是为全体社会成员服务的场所，是全体社会成员开展各种社会活动的场所。每一个人不可能总是在自己的特定空间之内，他们总会出现在公共场所里，进行自己的社会活动。这个时候，与他人相处，彼此礼让、理解、包容、互助是为人的根本。

遵守社会公德，维护个人形象

公共场合是一个人比较多、环境比较宽松的场合，能够为社会成员提供公共的活动空间，如街头巷尾、公园、车站、商厦、娱乐场所等。任何人都可以出现在公共场合，是否能够遵守公共场合的秩序，遵循公共礼仪的规定，关系到社会公德的建设及个人形象的好坏。

什么是公共礼仪呢？公共礼仪指的是人们置身于公共场合时应当遵循的礼仪规范，是社交礼仪的一个重要组成部分，同时也是人们在交际应酬中应当具备的基本素质。在公共场合的行为，不仅能够反映出自身的素质、自身的形象，同时还能够体现出你所代表的公司的素质和整体形象，

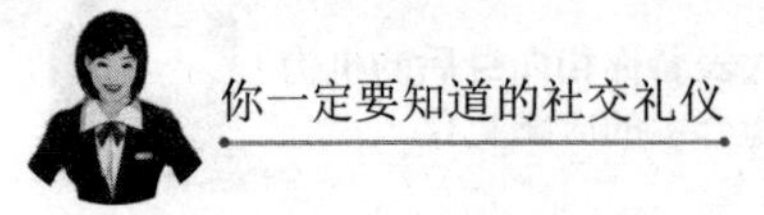

所以一定不能忽视自己在公共场合的行为，要严格遵守公共礼仪，共同维护良好的公共秩序，具体来说，要遵守以下原则：

1. 遵守社会公德

社会公德是人们在长期的社会生活中，根据客观的需要而形成的用以维持公共生活秩序，调节人们在公共生活中相互关系的一种约定俗成的行为规范。它以种种秩序和规范维护着公共场合的良好秩序。

2. 不要妨碍他人

在公共场合，我们面对的大都是与自己并无直接利益关系的人，大多数是陌生人，在这个时候我们就容易放松对自己的约束，往往做事情时只为自己考虑，事事都以自己为先，如果每个人都这样的话，那么整个社会就会乱了套。因此，在公共场合，每个人都应当有意识地约束、检点个人行为，尽量不要影响、打扰或者是妨碍到其他人。

3. 注意个人的穿着

个人穿着是时时刻刻都应当重视的，有些人在正式场合穿的光鲜亮丽，魅力四射，彬彬有礼，如同谦谦君子，然而一旦出了这种场合，就弃个人形象于不顾，邋里邋遢，蓬头垢面，这种做法是极为错误的。作为个人，在穿着上的讲究是对自己本人的负责，是个人素质的外在体现，不能因为场合的不同就完全放纵自己，不顾自身形象，尤其是在公共场合。在公共场合起码应当做的是：不能袒胸露腹，或是半穿半脱，不可蓬头垢面，要干净清爽，给人一种良好的形象。

4. 注意个人行为举止

不可随地吐痰，不能乱丢垃圾，要爱护公共财物。

5. 文明礼貌，以礼待人

在公共场合，与他人交往时要谦逊有礼，不能妄自尊大，盛气凌人，遇到老幼妇孺，要主动礼让，必要的时候要积极地照顾。

6. 不可吸烟

“吸烟有害健康”是人人皆知的道理，在公共场所吸烟，就会让别人间接地吸入二手烟，也是在危害别人。

以上只是在公共场合要遵循的一些原则，是比较笼统的说法，下面我们具体讲述在各个场合应当遵循的公共礼仪。

使用电梯、自动扶梯的礼仪

电梯在大多数人的生活中不可或缺，在很多场合我们都会用到电梯，如一些超市、大型商场、酒店及地铁里。电梯可以分为自动扶梯和升降式电梯两种。虽然乘电梯已经是日常生活中屡见不鲜的事情，但是乘坐电梯的时候也有礼仪要遵守。很多人就因为不懂得乘坐电梯的礼仪而出现了非常尴尬的局面。那么，为了避免这种情况的发生，乘坐电梯时需要注意哪些礼仪呢？

1. 自动扶梯

乘坐自动扶梯时，要站在扶梯的右侧，不要站在中间或扶梯左侧，以免影响他人通行。如果需要从左侧通过，应当向给自己让路的人致谢。如果遇到同行的老人与小孩踏上扶梯时，要主动照顾他们，以防跌倒。为了安全，乘坐自动扶梯时要站在每一个楼梯的中间，不可以踏在两格楼梯的交界处，以免因站立不稳而发生危险。乘坐自动扶梯上行时，“女士优先”的原则是不适用的，只有下行时才合适，因为电梯上行的时候，如果让女士优先的话，跟在后面的男士的视线正好落在女士的臀部上，这会让前面的女士感到不自在，属于失礼行为。

2. 升降式电梯

（1）安全第一。等电梯时不能不停按指示灯按钮，进入电梯之后也不能一直按关门按钮。按得过于频繁，可能会导致电梯故障。一般只要按一次，指示灯亮了，就表示电梯接收到了信号。

如果赶到电梯时，门开始关闭，不要扒门或是强行挤入，那样容易导致电梯故障。另外，如果电梯中乘客已满，或电梯超载，要自行退出，然后耐心等待下一趟电梯。如果电梯在升降途中遇到了故障，不要在惊慌失措之下打开电梯门或是不停地拍打电梯门，而是应当按求救按钮之后耐心地在电梯中等候。

（2）出入礼仪。等候电梯时，如有不相识的人，进电梯时要讲究先来后到，按次序进电梯，出电梯时要由外而里依次往外出。如果与相熟之人同乘电梯，特别是与尊长、女士或者客人一同乘坐电梯时，出入的顺序

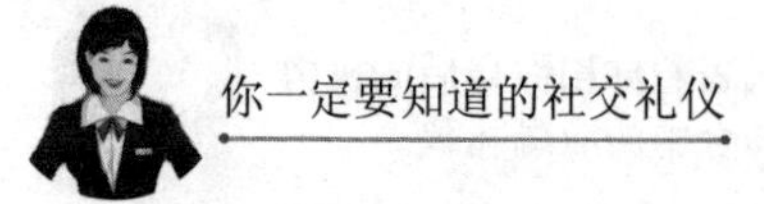

则要看电梯的具体情况而定：如果是有人管理的电梯，应当让尊长、女士或客人先进先出；如果是无人管理的电梯，那么在进电梯时可先行进入电梯，按住“开门”的按钮，然后礼貌地对他们说“请进”。进入电梯之后，按下客人或尊长要去的楼层。对方出电梯的时候，自己在电梯里按住“开门”按钮，等尊长、女士或者客人出去之后自己再出去。但是也有例外情况，假如乘坐电梯的人非常多，而你又是最后一个进来的，只好站在电梯门口，电梯上升几层之后，有人要出电梯，这个时候你要怎么做呢？正确的做法是，先走出电梯，然后按着“开门”键，等后面的人出来之后，再走回原位。如果电梯盛满了人，那么这个时候是没有“女士优先”原则的，无论男女，谁离门口比较近，谁就要走出电梯，为他人让路。

（3）电梯运行中。进入电梯后，不要站在电梯门口，应当尽量往里走，因为可能会有人再进来，也有人会出去，在里面不会妨碍别人的出入。另外，电梯里如果只有两个人，而且相熟的话，就可以随便聊天，但是人多的时候最好不要聊天，因为电梯里所有的人都能够听到你聊天的内容。聊天的时候太“公”了不好，太“私”了也不好，而且大家之间的距离都非常近，所以说话举止一定要注意，如果要聊的话，聊聊天气恐怕是最安全的话题。

使用公共洗手间的礼仪

洗手间是人们使用的比较频繁的地方，特别是公共洗手间，由于使用的人更多，如果不注意保护其清洁，就容易影响使用者的心情。而洗手间的使用礼仪也能够体现出一个人文明程度的高低，所以在使用公共洗手间时必须格外小心，遵守相关的公共洗手间礼仪。一般来说，使用洗手间的时候，要遵循如下礼仪：

首先，要懂得男女洗手间的标示，不要因为一时的慌乱而进错，那样很容易闹出笑话，也是一件非常尴尬的事情。每个地方洗手间的标记可能不同，但是国际上最为通用的标志是“WC”。另外，常用的标志还有：Toilet(盥洗室)，Lavatory(厕所)，Wash Room(洗手间)，Rest Room(休息室)，

Bath Room(浴室)，Comfort Station(休息室)。

男洗手间的标示有：Men's Room，Gentlemen，Gent's，Men等。女厕所的标志有：Ladies' Room，Ladies，Women，Powder Room(化妆室)等。有些洗手间也是通过图案来标示的，男洗手间多是烟斗、胡子、帽子、拐杖、男士头像；女士则多以高跟鞋、裙子、洋伞、嘴唇、女士长发头像等来表示。

不论男女，上洗手间的时候如果有人正在使用，就必须排队等待，一般都是在洗手间的入口按照先来后到的顺序排成一排，耐心等待，如果其中一间空了出来，那么自然是先来者先用，这是国际上通用的惯例，不要每个人守在一个洗手间的门前，以赌运气的方式等待。

由于公共洗手间使用的人非常多，使用的时候要格外注意卫生。有些人上洗手间的时候不注意保持清洁，用完之后不清理，那样会影响下一位使用者。使用的卫生纸及卫生用品要扔到马桶旁边的垃圾桶里，不能顺手扔进马桶，以免造成堵塞。另外，上洗手间的时候不能踩在马桶上，也不要浪费大量卫生纸。

卫生间冲水马桶有差异，冲水手把的位置也有些不同，但是一般都在水箱旁边，有的设置在头顶，直接用拉绳来拉，有的在马桶的后方，也有一些是设置在地面上用脚踩的。如果冲水的时候怕手被污染，可以先用卫生纸包住冲水把然后再冲水。用完洗手间之后，不要将门关严，应当留有一些空隙，好让后来者知道里面无人使用。

在飞机、火车、轮船等公共交通工具上，洗手间是男女共用的，男女在一起排队也属于正常情况，此时不必讲究“女士优先”的原则。

在欧洲某些国家，上洗手间需要付小费，有些在出口处的桌子上放置一个浅碟子，使用者出来之后可以随便放进去一些硬币，作为厕所的清洁费，也有一些洗手间在入门处就清楚地写出了使用卫生间的费用，有些需要提前付费，还有一些是机械投币式卫生间，也就是说，在卫生间的入口处有一台自动投币机，只有将硬币投进去之后才能使用洗手间。

上完厕所之后记得要洗手，洗手台也会准备有手纸和烘干机。一般来说，使用完洗手间之后要先洗手，然后用手纸将手擦干净，将用过的纸扔进垃圾桶，之后再用烘干机将手烘干。烘干机大都是自动感应并有定时装

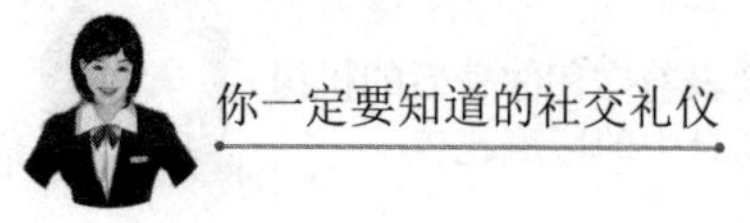

置的。

如果看到洗手间门外的地方放置有“Wet Floor”等字样的黄色告示牌，说明里面有清洁工人正在打扫厕所，这时候要耐心等待，如果着急使用的话，就要去寻找另外的洗手间了。

观赏表演的通用礼仪

在紧张的工作之余，我们都会参加一些娱乐活动，如去看看表演。在这种场合，自己的一言一行会影响到他人，所以欣赏表演的时候也要懂得一些礼仪。

1. 穿着得体

如果观看正式的演出，如古典歌剧、新年音乐会等，一般都应当正装出席。男士应当穿深色的中山装或西装，内穿白衬衫，打领带，脚穿深色袜子与黑色皮鞋；女士应着单色的旗袍、连衣裙、西服套裙或礼服等，下面尽量不要穿长裤。无论男女，最好不要穿浅色或花色衣服出席，因为这些服饰会分散台上演员的注意力。但是，如果是去观看流行演唱会或是其他的普通娱乐节目，就不需这么讲究，只要遵守观看演出的基本着装要求即可。

2. 礼貌入场

演出场所都有一个规定，即演出正式开始之后，观众不宜陆续入场，以免干扰演员的表演和观众的兴致。因此，我们在观看演出时，不得迟到。一般的演出场所都会提前15分钟检票，所以观看者最好提前到达，来的时候不要慌慌张张、气喘吁吁，甚至错过了一段时间的演出，这样会影响自己观赏的情绪，如果迟到，应当先就近入座，或者先在外厅等候，等中途休息时再入场。如果入座时打扰了他人，应当赔礼道歉。

3. 对号入座

观看正规演出都要对号入座，所以找座位的时候要根据入场券上的座号寻找，不要随便找个座位就坐下来。如果不清楚自己座位的所在，可以礼貌地向他人打听：别人向自己打听时，也应当热情帮助。倘若自己的座

位被人抢占，可以有礼貌地向其出示入场券，说明这是自己的座位，或请工作人员前来调解，不要与对方争吵。如果自己的座位在一排的中间，而且两侧都已经坐上了人，那么在走向自己座位的时候，应当对坐在外面的人说一声“抱歉”，并且面向对方，侧身缓步而行。

4. 遵守秩序

观看演出期间，每一名观众都要自觉遵守演出场所的秩序，因为只有遵守秩序，才能够确保演出顺利成功。

（1）不要来回走动。演出一旦开始，观众就要在自己的座位上安静地观看，不可以随便走动，否则会影响其他观众的观赏情绪。如果有需要处理的事情，最好提前处理好，或等演出结束之后再处理。

（2）保持安静。观看演出时，尤其是观看歌剧、话剧等严肃剧目时，要保持安静，不要打扰演员。如果遇到了志同道合者，也不宜在现场大加讨论，如果非要讨论不可，可以在中场休息或演出结束后进行。

（3）不许拍照、摄像。有些摄影爱好者喜欢在观看演出的时候用自己的照相机或摄像机大肆拍摄一番，但是相机的闪光灯会分散演员的注意力，甚至还会造成意外事故。就算不开闪光灯，不停地按快门的声音也会对周围的观众及演员的表演产生影响。况且，擅自拍照还会涉及演出的版权问题，如果未经允许就擅自向外发布，可能惹上官司，就得不偿失了。即便演出场地允许拍照，拍照的观众也要注意分寸，尽量在幕间或演出告一段落时，抓住时机拍摄。

（4）不要接打电话。进入演出场所之后，为了营造一个良好的观赏环境，避免演出时分散演员及其他观众的注意力，观看者应当将自己的手机自动关闭或是调到“震动”状态，绝不可在演出期间让手机铃声此起彼伏，更不要随意接打电话。

（5）不得大吃大喝。演出场所不是餐厅，一边观看演出，一边大快朵颐，饱口腹之欲，始终是一种不体面的做法，所以在观看演出的时候不要携带食物、饮料入场，尤其是不要食用带壳的食物及易拉罐式饮料。

（6）不得吸烟。所有演出场所都是禁烟的，观看演出时抽烟既会危害他人的健康，污染演出场所的环境，也会因为烟雾缭绕而影响观赏效果。

（7）注意保持卫生。观看演出期间，要注意维护演出场所的卫生，不

要随意丢垃圾，也不要随地吐痰，如果难以控制，可以暂作处理，并在退场时自觉带出场外，扔进垃圾桶内。

（8）尊重演出人员。观看演出时，要充分尊重演员，尊重演员的劳动。每逢一个节目结束或是其中的一幕结束的时候，观看者应当热烈鼓掌，以示对演员的鼓励和支持，但不要通过吹口哨或大呼小叫等方式表达自己对演员的喜爱。鼓掌的时候要拿捏好时机和分寸，不要在演员演出期间频频鼓掌，也不要鼓起掌来经久不息，那样不仅会打断演员的表演，也会影响其他观众欣赏的心情。如果自己对某些演员或节目不欣赏，或是节目中间出了意外或其他特殊情况，不能喝倒彩、鼓倒掌，更严禁起哄闹事、驱赶或是辱骂演员。观看演出时，不能大声说话或交头接耳；不随便走动。

5. 观看结束时的礼仪

演出全部完毕之后，应当起立鼓掌；如果演员出场谢幕，应当在此鼓掌，而且掌声要热烈，这样才能让演员感受到观众的热情和喜爱；如果演员在台上谢幕，不可急匆匆忙于退场，要等到谢幕结束之后再井然有序地退场。

酒店大堂的礼仪标准

不管是商务出差还是个人外出旅行游玩，都免不了要入住酒店，入住酒店的时候也有一定的礼仪要遵守，这样才能够体现出个人的修养。如果不懂得入住酒店的礼仪，就可能会节外生枝，闹出意外。

抵达酒店之后，应当首先到前台登记，办理入住手续，如果登记的时候前面有乘客，应当静静地等候，与其他客人保持一定的距离，不要离得太近。如果携带的行李比较多，门童会帮助你搬运行李，可以礼貌地对他致谢之后过去登记。要记得，大厅和走廊是酒店中的主要公共场合，所以穿着不要太过随意，不能穿着睡衣或浴袍出入。

在酒店里要保持安静，不要大声吵闹，也不要乱跑乱跳。不能在墙上乱写乱画，也不要弄脏家具。

注意不要影响他人。出入的时候最好轻手轻脚地关门，记得外出要锁门，不要在走廊里大声交谈，更不要擅自窥视陌生人的房间，想安心休息时，可以在门外悬挂“请勿打扰”的牌子。

看电视时，音量不要太大，以免影响到别人休息，也不可开得太早或太晚。

对于宾馆提供的一次性洗漱用品，不要浪费或无节制地使用，尽量减少梳子、拖鞋等一次性物品的使用。如果毛巾或浴巾只用了一两次，可以晾干之后继续用，不必让服务员每天都换洗。

在房间用完餐之后，要用餐巾纸将碗、碟擦干净，然后放在门外走廊边上，方便服务人员收拾。服务员打扫房间的时候应当主动配合，清扫完毕之后，应对服务员致谢。

如果遇到雨雪天气，要收好雨伞，将脚上的泥垢去除干净之后再进入宾馆。

准备离开之前，可以先给前台打个电话通知他们一声，如果行李很多的话，可以请他们安排一个人过来帮忙。

如果不小心弄坏了酒店的物品，不要隐瞒，也不要抵赖，应当承担责任并如数赔付。

结完账，礼貌地致谢，道别。出门时，如有服务员为你开门，应微笑地致谢。

在酒店住宿的时候，还有一些问题是需要注意的：

最为基础也是最重要的就是要随身携带贵重物品，出门的时候记得锁好房门，睡觉前注意关好门窗，物品最好放在身边，不要放在靠窗的地方。

如果住宿期间有不方便携带的贵重物品，可以交由服务台代为保管（一般的星级宾馆都有这项服务）。

不要躺在床上吸烟，也不能携带易燃、易爆物品进酒店。

入住酒店之后，应当及时了解酒店安全须知，了解酒店的安全门、安全通道、安全楼梯的位置及安全转移的路线，做好未雨绸缪，以备不时之需。

检查酒店房间的设施是否齐全，有无损坏，如有损坏，应立即通知服

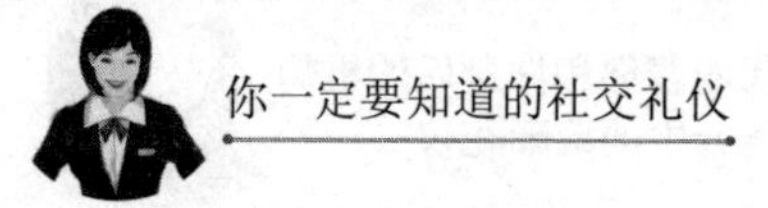

务员进行更换。

不要将自己入住的酒店的名称或房间号码轻易告诉陌生人；不要让陌生人或自称酒店的维修人员随便进入房间；遇到紧急情况，要保持头脑冷静，不能慌乱。如果不幸发生火灾，不要慌乱之下搭乘电梯或直接从楼上跳下，应当镇定地观察火情，主动自救。如果身上着火，可以通过就地打滚的方式或用其他物品浇灭火苗。在穿过浓烟滚滚的走廊、通道时，要用浸湿的衣物捂住口鼻，贴地或者是沿墙走。如果火势太大，无法逃出时，可以将浸湿的衣物披裹在身上，用被褥堵住门缝，或者泼水降温，然后摇动色彩鲜艳的衣物大声呼救，等待救援人员的到来。

万一失窃，第一时间通知服务台。

高尔夫运动礼仪

高尔夫运动被称为“绅士运动”，它曾经流行于上层人士之间，但是近年来这项贵族运动已经被更多的人所熟悉和接受，如今，它也成了高层商务人士交往中的一个环节。在球场上，如果能有得体的礼仪礼节，就能够很好地拓展自己的人际关系，拓宽自己的商务网络。所以说，高尔夫球的礼仪不仅不能忽视，还要认真地学习。

1. 着装

高尔夫运动非常强调服装的重要性，它对着装有着严格的规定，服装已经成为了高尔夫文化的一部分。因此，如果你是第一次去球场打球，最好先打电话咨询一下俱乐部对球员下场打球时的着装是否有特殊的要求。

会员俱乐部一般会要求球员上身穿有领有袖的恤衫，禁止穿圆领汗衫、牛仔服、吊带背心、超短裙及过短的短裤等太过休闲的服装。有些俱乐部还特别规定不允许穿任何式样的短裤入场，而有些俱乐部则是对短裤的样式及长度有特殊的规定，如不能低于膝盖以上4英寸，所以棉质的休闲长裤是最好的选择。至于球鞋，出于保护草坪的需要，大部分俱乐部规定在球场上只能穿着特质的胶钉球鞋，因此，如果你的球鞋仍旧是金属钉的话，那么最好更换为胶钉球鞋。

2. 高尔夫运动的规则与礼貌

（1）球员在试杆或者击球之前，要先观察近旁是否有人站立，要确信无人位于远处球可能击到之处，并观察地面是否有碎石块、树枝等，以免挥杆的时候将这些东西击打出去而伤及他人。

（2）球员准备击球或正在击球时，任何人不得走动，不得交头接耳，或站在球或者球洞的正后方，击球的时候不得拖延时间。前组球员在落球距离以内时，后组球员不得击球。如果球员发现自己击出的球不易发现时，应当作手势让后组球员先通过。找球的时间在尚未达到五分钟时，即应作此手势。待后组球员已通过并离开落球距离时，方可继续击球。一洞打完后，球员应立即离开果岭。

3. 发球台礼仪

（1）当球的控制区通知球员准备发球时，球员要立即走上发球区准备发球。同组球员走上发球台之后，要决定开球的先后顺序。一般的比赛，按照编组表上的顺序开球即可；但是如果与朋友进行的友谊赛，则可以通过抽签或猜拳来决定。在决定第一洞之外的其他洞的优先权时，根据同组球员在前一洞的成绩确定，前一杆数最低的人享有发球优先权，其他人的发球顺序也根据他们在前一洞杆数的高低决定，如果杆数相同，则依照平手球员在前一洞的发球顺序进行。

（2）观看他人发球或击球的时候，应当保持肃静。此规则不仅限于发球台的球员，只要有球员做好击球的准备，就要保持安静，不可随意走动或者谈话，以免影响到他人的表现。

（3）同组球员要确认彼此使用的球，每个人都应当报出自己使用球的品牌及号码，以免打球的时候发生混淆。

（4）发球时，一定要观察前组球员是否已经走出发球射距，以免误伤他人，如果有人站在可能被你的球击中的范围之内，应当进行口头提醒并警告；同时不要随意走进他人的发球区及射程之内，一则妨碍他人击球，二则有人身危险。

4. 果岭礼节

果岭中禁止球员直接穿行，以免影响到球友的发挥，要尽可能绕边线行走。球友推杆的时候，不要站在推杆线的正前方或正后方，也不要踩到球友的推杆线。在休息时，注意不要影响下一组球友。击完球后，应当快速走向下一个击球点，不要逗留观望，以免影响到下一组的击球。

5. 击球时的礼貌

（1）击球之前，观察近旁及击球所到之处是否有人，观察地面上是否有碎石子或树枝，以免挥杆的时候击出，从而伤到别人。

（2）除杆弟外，不得向他人寻求指导。

（3）一洞打完之后，要迅速离开果岭。

（4）如果打球花的时间稍长，要快走几步跟上同伴，不要让同伴等候。

（5）击球后如果球不宜找到，应当让后面的队伍先行通过。

（6）击球时带起来的草皮应拾回原位填平。

（7）快要接近前面一组队伍的时候，应当放慢速度。

（8）从隔壁球道击球时，要确认安全之后再挥杆，并且在挥杆前后要提醒一下他人，以示礼貌。

6. 观赏高尔夫球时要遵循的礼仪

（1）首先，穿着要符合球场的要求，鞋子不要破坏草皮。

（2）在球场上保持安静，不要喧哗，不要大吵大闹，以免影响球员的情绪。

（3）注意自身的安全，不要靠球太近，以免伤及自身。

健身中心的礼仪

随着人们对自身健康的重视及塑形的需要，越来越多的人开始投身健身中心，适当的健身不仅能够塑造良好的形体，也能够改善自己的精神面貌。然而，很多去健身的人却不懂得健身中心的礼仪。有些男士进去之后往往会脱掉上衣赤膊上阵，锻炼完以后会直接脱掉鞋袜，这会在别人心中留下恶劣的印象。由于去健身中心锻炼的人来自于各行各业，如果能够掌握健身中心的礼仪，就能够结识许多新的朋友，拓展你的人际关系，那么，健身中心需要遵守哪些礼仪呢？

1. 穿着需得当

如果去过健身房，相信你会对在健身房里挥汗如雨的男士印象颇深，因为有很多男士不懂得正确着装，他们往往穿着牛仔裤或休闲裤就进去锻炼了，甚至有的男士穿着超弹性短裤在那里做蹲举运动，这无疑大煞风景。那么在健身房怎样穿着才算得体呢？

（1）上身。最基本的一点就是要干净、清洁，不要穿破旧脏烂的衣服，也不要穿晚礼服。最简单也是最佳的选择就是T恤。当然，选择T恤的时候要挑好的布料，最好的就是棉质T恤，而且要合身，松紧适度，太松或者太紧都不好。选择T恤的时候注意不要穿白色的，尽管白色看起来异常洁净舒适，但是它有几个缺点：一是白色衣服在散热方面不如深色衣服，深色衣服不仅吸热快，散热也快。夏天，在室外的时候可以选择白色衣服，这是因为白色能够很好地阻挡太阳的热辐射，但是在室内穿深色衣服更有利于身体散热；二是白色衣服易脏；三是如果因为流汗过多而使衣服湿透的话，那么白色衣服贴在身上的时候就成了透视装。

（2）下身。男士最好的服装就是简单的棉质短裤，最好刚刚盖过膝盖。长运动裤也可以，但是这在运动房里比较少见，除非你的腿有问题，否则很少有人在健身中心穿长运动裤。

（3）头部。健身时不要戴帽子，因为帽子不仅会妨碍你做举重运动，同时头部也无法散热。而且一旦出汗，帽子很容易散发出让人难以忍受的异味。另外，不要戴头巾，除非你是去打篮球。在健身中心戴头巾绝对是一个愚蠢的选择。

（4）鞋袜。在健身房里，运动鞋是最好的选择，因为它能够保护你的脚。最好选择白色软袜子，或是颜色与白色相近的，其他颜色或是有图案的袜子都不适合健身房。

2. 正确对待器械

（1）不要霸占任何器械。健身房是公共练习场所，所有的器械都是供大家一起享用的。所以不要霸占任何器械，以免耽误别人锻炼。可以有计划地进行组数锻炼，即锻炼—休息—锻炼。何为组数呢？组数的观念定义在于操作时次数总和及休息长短，就是说组数的多寡必须视训练的情形来决定。

（2）举重器械用完后要归位。不论什么时候，当你用完杠铃、哑铃或壶铃的时候，要记得将这些器材放归原位，这样能够便于其他来这儿的人锻炼，如果随手乱丢，不仅不利于寻找，也会使健身房显得凌乱不堪，从而影响锻炼的心情。

（3）用完后擦掉器械上的汗水。如果在健身房里挥汗如雨，器械上沾满了你的汗水，那么请用健身房内提供的消毒剂将汗水擦拭干净，不要残留。同时在使用器械之前，可以先垫上毛巾，避免身体和器械直接接触。

3. 锻炼要适度

每个人都有自己生理上承受的极限。考虑到心血管系统的承受力，一般而言，一个人在一种健身器械上锻炼的时间最好在20~30分钟，尽量不要超过这个时间段。运动过度会让人感到肌肉酸痛，浑身乏力，疲劳不振，同时会影响食欲和睡眠，所以在适度运动过后应当暂时休息一下，这样既能让身体慢慢得到恢复，同时也能让其他人在你使用的器械上锻炼。

4. 勿随身携带手机

健身的时候，携带手机是一个不好的习惯，最好将其放在衣帽间。因为在健身房里使用手机不仅会干扰到其他人，同时还会让别人感到别扭，因为现在的手机都有拍照功能，大家都不想自己的身材被谁偷拍了去，尤其是女性，更忌讳这一点。

5. 保持健身房卫生

当你锻炼完，离开运动区域时，要保证那里清洁如初，不要留下任何的饮料瓶、食品袋、纸巾或其他垃圾。同时也要让你的衣帽间保持整洁，方便下一位使用者。只有大家共同保持卫生，才能够营造一个良好的健身环境，让大家在健身的时候都有一个美好的心情。

6. 不要发出太大的声音

有些人在健身的时候，往往不顾其他人在场，喜欢大吼大叫，这对其他人是非常不礼貌的，所以在健身的时候要注意，将声音降到最低，当然，做举重运动时，发出一点声音是很正常的，但是要替其他人着想，因为大家都在聚精会神地锻炼，不想因为某个人的大喊大叫而分散注意力。

7. 保持体味清新

健身都会流大量的汗，而汗水则会散发出难闻的气味，想一下，如果

健身房里弥漫的都是浓重的汗味，还有谁愿意去健身房健身？所以，开始运动之前，最好先喷上除臭剂，但是，不要喷古龙水，因为过于浓郁的香味混着汗味更让人难以忍受。另外，运动后要及时洗澡，并喷上香水之类能遮盖体味的东西。

第十二章　礼品的价值在于它产生的效果
——馈赠中的应酬礼仪

在经济日益发达，商务来往日益频繁的今天，人与人的关系日渐密切，礼物已经成了加深人们感情、促进社交活动开展的重要纽带。商务馈赠礼仪能够让你学会送礼的技巧，能够送好礼，送对礼，切切实实地让礼物发挥它应有的功效。

礼品为商务活动锦上添花

据有关调查显示，日本产品之所以能够在美国大获成功，其中一个秘密武器就是日本人的小礼物，换而言之，日本人打开美国市场很大程度上是靠它的小礼物。礼品能够为社交活动锦上添花，同时也能够促进社交活动的开展和进行。

如今的商品社会，“礼”和“利”往往是牵扯在一块的，往往是先有“礼”后得“利”，这已经成为了商务交际的一种规则。而馈赠作为人际交往中重要的手段之一，受到商界人士的普遍肯定。馈赠，是一种无声的交流方式。一件得体的礼品，承载着你的情意，代表着你的品位和眼光，同时也代表你对对方的重视程度，如果能够在合适的时机和场合送到对方手中，对方必定欢喜异常，而礼物此时起到的就是“无声胜有声”的作

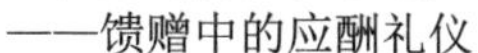

用。在商务活动中，如果能够将送礼的功夫练到炉火纯青，相信你必定能够左右逢源，顺水行舟，一帆风顺。

如今，商务送礼已经升华成了一种技巧、一种艺术，从送礼的时机、场合到礼品的选择，都要花费大量的心思。很多公司在这方面下了很大的心血，有一些大公司专门在电脑里储存了主要关系公司、关系人物的身份、地位或爱好，连生日都有记录，以便在逢年过节或其他合适的日子送礼，以拓展和巩固自己的关系网，不断强化自己的商业地位。那么，选择礼物的时候应当注意哪些事项呢？送礼的时候在什么时机、什么场合最合适呢？

1. 礼物的选择

（1）了解对方的文化背景：在社交活动中送礼的时候，要考虑到对方的宗教习俗、文化背景、爱好及习惯。例如，在英国，受礼人非常讨厌带有送礼人单位或公司标示的礼品；在阿拉伯国家，不能赠送对方酒类物品，也不能给当事人的妻子送礼品；而法国人忌讳别人送菊花；日本人不喜欢带有狐狸图案的礼品；我国则忌讳送钟等。因此，在选择礼物的时候，一定要考虑对方的习俗及文化背景，不可因为不了解对方而在送礼时造成误会。

（2）注意送礼时的数量：在我国送礼时，礼物的数量上以双数表示吉利，但是日本却崇尚奇数。此外，西方很多国家都忌讳“13”这个数字，当你送的礼品数量比较多时，一定要考虑这一点。

（3）贵贱得当：赠送礼品的时候，要考虑礼品的价值，那么送多大价值的礼品比较合适呢？这个应当视对方的具体情况而定。一般情况下，欧美等国不是特别重视礼品的贵贱，他们比较看中礼品的意义，在他们看来，礼品是传递友谊及感情的手段。在欧美一些国家，一般的商业性礼品的价值在25美元左右。所以如果送给外商礼物，价位不要太高。如果赠送过于贵重的物品，反倒会引起对方的怀疑，也会使对方感到为难。

而我国有“千里送鹅毛，礼轻情意重”的说法，典故是这样的：

唐朝有个封疆大臣，他派一个叫缅伯高的人去给皇帝送礼，礼物是一只天鹅。这位老兄途经沔阳时想给天鹅洗个澡，哪知，

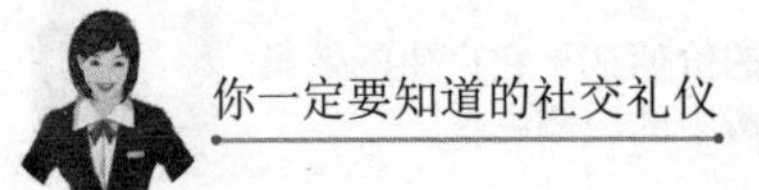

一不小心让天鹅给跑了。送给天子的"贡品"弄丢了，岂不该有杀头的罪过，吓得他嚎啕大哭，越哭越伤心，伤心之后，却想出了首打油诗："将贡唐朝，山高路遥，沔阳湖失去天鹅，倒地哭号号，上复唐天子，可饶缅伯高，礼轻情意重，千里送鹅毛。"据说，他后来真把鹅毛连并这首打油诗一起送给了皇帝，皇上被这个故事感动了，不但没杀他，还拿美酒款待了这个马大哈。

这便是"千里送鹅毛，礼轻情意重"的来历。毕竟礼品是为了表达友谊的，礼品有价，心意无价。不过这也不是绝对的定律，应当视具体情况而定，大部分亚洲、非洲、拉丁美洲和中东地区的客商，还是比较重视礼物的价位的，所以向这些国家和地区的商人赠送礼物时，可以稍微贵重一些。

（4）包装精美：俗话说："人靠衣装，佛靠金装。"礼品也得有包装，精美的包装不仅能够使礼品显得上档次，显得有艺术性，格调高雅，同时也能够体现出送礼人的品位和眼光，而且还能使礼品富有神秘感，既有利于交往，又能够引起受礼人的好奇心和兴趣，让他们更乐于接受。

（5）美观实用：送礼品的时候，不仅要重视外在的包装，还要保证礼品的实用性。如果"金玉其外败絮其中"的话，受礼人接受的时候满心欢喜，拆开之后心情一落千丈，就会对你的印象大打折扣。如果送出的礼品不仅外观精美，而且很有实用性，那么受礼人不仅感到礼品的实惠，也能够体现出送礼人的大方来。所以送出的礼品只有具备了实用性，才能够让受礼人留下深刻的印象。

2. 馈赠的时机与场合

（1）传统节日：我国的传统节日主要有春节、元宵节、端午节、中秋节等，如今国外的节日在我国也逐渐流行起来，如圣诞节、元旦、情人节、母亲节等。在这些传统节日送礼，显得顺理成章，又能恰当地表达出你的感情，一举两得。

（2）他人的生日：日常接触时，不妨将上司、同事、下属或合作伙伴的生日记下来，等到他们生日的时候，可以送上一份比较特殊、富有创意的礼物，相信他们在生日这天收到你送去的意外之喜的话，必定是喜上加喜，心情大好。

（3）喜庆的日子：这些日子包括嫁娶、子女出生、乔迁新居等，一般遇到这种日子的时候，可以考虑送出一些礼品表示祝贺。另外，企业开张的时候也是送礼的一个好时机，此时一般送花篮、牌匾或是室内饰品等以表示祝贺。

（4）酬谢他人：在特殊情况下受到过别人的帮助，为表示感激之情，事后送些礼品是天经地义的，也是人情往来的需要。

（5）探视病人：一旦卧病在床，人往往都变得特别的烦躁与脆弱，这时候名利、权势都已经不重要，他们最想得到的就是别人的关怀和探望，所以应当好好把握这个机会，带一些礼物前去探视。聊天的时候尽量不要谈到工作，而应当挑一些轻松、有趣的话题，以免病患心情更为压抑和低落。告辞的时候要祝福对方早日康复，表现出真诚的关心和同情。

（6）回赠：来而不往非礼也，如果收到他人的礼品，出于交际礼仪的需要，要及时地回赠，有来有往才能够进一步加深感情。

另外，送礼的时候，要注意不要触犯送礼的忌讳。本来送礼的目的是为了加深彼此之间的感情，如果不懂得送礼的忌讳，一旦触犯，反而会招致对方的不满，甚至造成感情破裂，这样就得不偿失了。一般来说，送礼的时候要注意以下事项：

（1）送出的礼物首先要保证自己喜欢，如果连自己都不喜欢，别人又怎么会喜欢呢?

（2）为了避免接连送同一个礼物给同一个人这样尴尬的情况发生，最好每次送礼时记录一下送出的礼物，这样下次再送的时候就不会重复了。

（3）千万不要将收到的礼物转送他人，别人费尽心机挑选好了送给你，就是想投你所好，如果你借花献佛的话，那么别人知道之后无疑会对你产生极大的不满，而随随便便将别人送来的礼物转送他人，这本身也是对受礼人的不尊重。

（4）不要送违法及违背社会公德的物品。

（5）切忌送一些将会刺激别人感受的东西。

（6）谨记一定要除去礼品上的价钱标签及商品的袋子，因为不管礼物本身如何，最好都选择用专门的包装纸包装，这样能够显示出你确实花了心思，也很重视这件礼物，所以不要忽视一些细微的地方，因为细枝末节

更能够显示出送礼人的诚意和用心程度。

送礼的技巧

古语说得好："衣人之衣者，怀人之忧。"意思就是说，穿着他人衣服的人，就会替他人想着心事或隐忧。换句话说，收下了别人送来的礼物，心里就有所歉疚，就想要通过帮别人的忙补偿回来。因此，想要求人办事，首先就要学会给别人送礼。然而，送礼是一种讲究技巧的活动，送礼能否成功，关键要在"送"字上下功夫。如果懂得送礼的技巧，能送，会送，会让受礼者欣于接受，笑逐颜开；如果送礼方法不当，受礼或当面拒绝，或婉言推却，都会令送礼者感到下不来台面。

因此，在社交活动中，必须掌握送礼的技巧，才能够更好地同人交往，加深彼此的感情，促进双方的交流与合作。下面我们就介绍几种送礼的技巧，希望大家能从中受益。

1. 借花献佛

假如你送的礼品是土特产，可以说是托老家人捎来的，让几位朋友尝尝鲜，东西不是什么贵重东西，又没花钱，并不是专门为他买的，只是想到了他，特意送来让他尝一尝。一般来说，受礼者听到这番话之后，那种因盛情而恐怕无法回报的拒礼心态会得到缓和，从而欣然收下你的礼物。

2. 暗渡陈仓

如果你送的是酒水一类的礼品，可以说是别人送了你两瓶酒，然而你舍不得自己喝，想找个知己共同分享，边饮边谈。这样可以喝一瓶、送一瓶，既送了礼，也拉近了彼此之间的关系，并且不显山不露水，是一个上佳的送礼之道。

3. 借风使船

有时你想送礼给人，然而对方却又与你八竿子拉不上关系，这种情况下，不妨选送礼者的生日或结婚的日子，邀上几位熟人同去送礼祝贺，那样受礼者便不好拒绝了，到时候知道这个主意是你想出来的时，必定会改变对你的看法，通过大家的力量而达到送礼联谊的目的，不失为送礼的上

上之策。

4. 移花接木

王先生想找李先生帮个忙，想要送点礼物疏通一下，然而又怕李先生拒绝了自己的礼物，驳了自己的面子。而王先生的爱人和李先生的爱人关系亲近，于是王先生想通过夫人打通路数。于是他让爱人带着礼物去拜访，结果一举成功，既收了礼，也办成了事，一箭双雕，两全其美。

看来，有时直接出击不如迂回运动更能收到奇效。

5. 下不为例

有人曾经询问过不少对送礼之道颇有研究的人，问他们一旦对方不好意思收礼或者是不敢收礼时应当如何处理，他们说，这时候最好的方法就是极其诚恳地跟受礼者说："只此一次，下不为例。"说了这句话，对方十有八九会接受。

6. 射将先射马

如果你想给一位先生送礼，那么最好的送礼对象不是他，而是他的妻子。道理很简单，如果你的礼物送给他的妻子，妻子会非常高兴地笑纳。这样，她就能很快成为你的盟友，而她的丈夫也很快会被她拉拢。而且，当你给他的爱妻送礼时，他也会有一种莫名其妙的骄傲感，会显得异常的轻松愉快；即便他不愿接受，然而在爱妻面前，他也只好强装笑脸。这种送礼方式利用了女人爱虚荣的心理及夫妻彼此相爱的相容心理来轻松地达到送礼的目的。

7. 异曲同工

有时候，送礼并不一定非要自己掏钱买，然后大包小包地送到受礼人的手上。在某种情况下，人情也是一种无形的礼物。例如，如果你能够通过一些关系买到出口转内销、出厂价、批发价、优惠价的东西，当你将这些东西介绍给朋友或同事之后，他们在买到东西的同时，也会将你的这份情当做礼物收下了。你一分钱不用花，只不过搭上了一点人情和工夫，收到的效果和送礼并无二致。受礼者因为自己交了钱，所以收东西时心安理

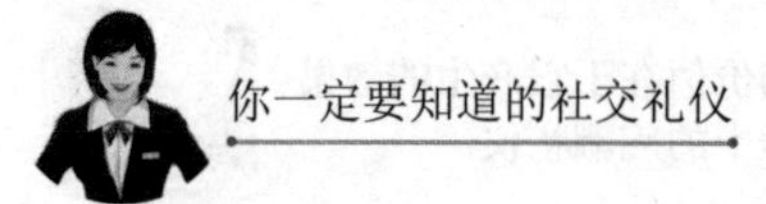

得，不再有什么顾虑；而送“情”者则是无本得利，既让别人收到了礼，又让别人对你心生感激，可以说是一箭双雕。这种避嫌、实惠的送礼方法尤其适用于上下级之间及彼此产生利益关系者。只要不损坏国家和别人利益，实不失为送礼的妙招。

礼轻情意重

礼物代表了送礼人对受礼人的心意，是一种感情的寄托。这种心意或表示感谢，或表示祝贺，或表示友情，或表示孝敬等。因此，选择礼物的时候要能够表达自己的感情，并能让受礼者觉得礼物别具一格，以达到增加情谊的目的。在人情往来中，最贵的礼品并不一定是最好的，只有那些根据对方兴趣爱好所选择的，有着深层的意义而又耐人寻味的礼品才是最好的。正所谓“千里送鹅毛，礼轻情意重”。好礼物不在于贵贱，而在于是否用心，是否能够赢得对方的真心喜欢。

清朝中堂大人李鸿章的夫人要过50岁寿诞，满朝文武为了讨好奉承他，忙得不亦乐乎，都备了厚礼前往祝寿。一个合肥知县也得知了这个消息，他也想去送礼，然而一个小小的七品知县拿不出什么体面的厚礼，感到十分头疼。师爷见状，对他说：“这事容易，我给您出个主意，让您一两银子都不用花，不仅能够让中堂大人心花怒放，列于他人礼品之上，而且保证您的贺礼最为瞩目。”知县听了半信半疑，于是问师爷：“这么好的礼物到底是什么?”“其实，也就是一幅普普通通的寿联。”师爷回答。知县听完之后，脑袋摇得跟拨浪鼓似的，连说不行，师爷接着说：“请大人放心，这礼品准保中堂大人喜欢，但是，这寿联必须由我来写，您亲自送上，请中堂大人过目。”知县说：“你敢保证？”“我敢保证。”知县这才答应了下来。

第二天，知县带着师爷写好的寿联上了路。他昼夜兼程赶往京城。等到祝寿之日，来到李鸿章面前，跪拜之后便道：“卑职

合肥知县，受人之托，前来给夫人祝寿。”

李鸿章随口应了一声叫他站起来，知县忙拿出寿联，将上联先打开，李鸿章一看是：“三月庚辰之前五旬大寿。”李鸿章心想：夫人二月过生日，他写了“三月庚辰之前”，还算聪明。正想着，知县又“哗啦”一声打开了下联，李鸿章一见，忙双膝跪地。原来下联写着：“两宫太后以下一品夫人。”“两宫太后”指当时的慈安、慈禧，李鸿章见“两宫”字样，不由自主地就双膝跪地了。于是，他命家人摆上香案，将此联挂在《麻姑上寿图》两边。这幅寿联果然成了李鸿章最为赏识的一份贺礼，也成为了众礼品中最为出色的一份。

这个故事告诉我们，礼物不在轻重，虽然只不过是一份小小的寿联，却起到了金银财宝无法比拟的作用。因此，在社交活动中送礼的时候，要明白一个道理，好礼物不等于贵礼物，“轻”礼往往也能够表达深情谊，那么，怎样才能够做到“礼轻”而又“情谊重”呢？

1. 最好选择对受礼人有特殊意义的礼物

当你在选择礼物的时候，首先要想清楚的是受礼人最看重什么礼物，也就是说，什么礼物对受礼人来说最重要。如果能够知道对方重视的并能够馈赠给他，无疑是将礼物送到了对方的心坎里，对方必定满心欢喜地接纳，并会非常看重你的礼物。

在结婚20周年纪念日，罗伊送给太太罗西塔一座一米宽、一米半长的木制娃娃屋作为礼物。罗伊不时听到太太讲她小时候最大的梦想就是拥有一座娃娃屋，但是这个愿望始终未能实现，所以他就送给了妻子这份她梦寐以求的礼物。她的妻子说：“罗伊最了解我，他知道我童心未泯，因此送给了我一份最能打动我内心的礼物。”

2. 送对方想要却没有想起的礼物

有位母亲在医院动完小手术回到了家里，她发现餐桌中央换了新的摆设，是两个儿子欢迎她回家送的礼物。看见新摆设，她才回想起原来的那个已经陈旧，她一直想换掉。而这份礼物正是她需要，也是她想要的。

像这种送礼的窍门，需要在平时的闲谈中加以留心，有的时候，你对一个人的真正需要的了解可能比他自己还要清楚，因为别人不经意之间流露出的一句话往往是他内心深处发出的语言，说者无心，听者有意，如果能够记住他的需要，而且投其所好，他往往会对你万分感激。

3. 要花时间和心思

薇儿的母亲过65岁生日时，她特意将母亲一盒散放的照片拿出来，并在上面一一注上说明，之后又分别贴在相簿上，以其作为母亲的生日礼物。这个不起眼但是细心的举动让她的母亲无限欢喜。

所以说，如果你的确在一份礼物上花费了时间和心思的话，它带给对方的快乐绝不是灿烂夺目的金银珠宝可以媲美的。

因人而异送对礼

在人际交往中求人办事送礼时，要想达到送礼的目的，重要的一点就是要送对礼，要将选择好的礼品在恰当的时候送给所求的人，才能够让人高兴。同时，送礼要看对象，对于不同的对象，要考虑其年龄、辈分、民族、国籍、个人爱好等各个方面的因素，因为不同性格、年龄、品位的人，其生活是有差别，有距离的，因此，送礼的时候要因人而异，这样才能够送对礼。

张敬尧最初是一个学说书的，日子拮据、生活困难的时候还能够耐着性子学说一段，但是后来觉得说书整天奔波，非常辛苦，于是利用一个偶然的机会，浑水摸鱼，进了北洋军队。

虽然并无真才实学，但他却有一套不错的嘴上功夫。于是，依仗着自己能说会道的本事，很快从排长升到了营长，然而他还是不满足，仍旧一心想往上爬。眼瞅着别人芝麻开花节节高，自己老在原地踏步，他心里焦急异常，于是整天搜肠刮肚地想主意，想着如何钻袁世凯的门路。

一个偶然的机会，他从某处打听到袁世凯的宠妾杨氏非常喜欢喝进口的白兰地名酒，而且酒量不浅。得知这个消息之后，他暗自庆幸，觉得终于能够叩开袁世凯的大门了。于是，他经常私底下送给杨氏精装的白兰地。再说杨氏这边，由于经常无故收到一箱箱不署名的人送的“白兰地”，她一边高兴一边纳闷，过了半月有余，经过暗中查访，才知道是一个名叫张敬尧的营长送来的，自然内心万分欢喜，于是亲自召见。张敬尧一见面，即“师母”长、“师母”短，夸得杨氏早就飞上了九重云霄，心花怒放。

自此以后，张敬尧通过打通杨氏的关系，在袁世凯那里逐渐得到了重视，不几年的工夫就升到了旅长。

张敬尧之所以能得到高升，凭借的就是给杨氏送去的好礼物。因此，请人办事时不仅需要送礼，还要会送礼，送对礼才行。

我们再来看一个例子，讲的同样是因人而异送对礼的重要性。

有一位名人，为了创办一所艺术学校，到处托人帮忙走关系，经过一年多的努力，艺术学校总算是有了眉目，下一步要解决的问题就是如何过学历这一关。

这位名人在社会上也是积累了很多经验的，精于人际关系，也会求人办事，于是通过种种关系，找到了区教委的一位副主任。

照常理来说，既然求人办事，无论如何得有所表示，至少上门得带点东西才像样，然而这位名人去拜访的时候却两手空空。前面说了，这位名人善于交际，懂得求人办事，为什么两手空空就去了呢？这多少有点不像话，原来，他不带东西是有原因的，因为在去拜访那位副主任之前他就事先了解到，这位副主任脾气大，性情刚直，为人廉洁，尤其痛恨人际关系中的歪风邪气。有很多办事者拜访时携带重礼，门槛都踏破了，结果不是吃了闭门羹，就是碰上了墙头钉，无论使出什么招数都于事无补。

有了前车之鉴，这位名人自然异常小心，进门后，他对副主任客客气气地说："休息日打扰您很不礼貌，请您原谅。这次来拜访您，是为办学申请学历一事。申请早交上去了，未见回音，教委那边我没有熟人，所以朋友介绍我到您这儿，希望您关照一下。如果申请有不充分之处，望您审批时指点一下，我再重新申请上报。"

这位名人十分诚恳地说完，就要起身告辞。那副主任模棱两可地说："如果各方面都具备条件，应该会批准的。"

过了几天，这位名人第二次去拜访，这一次他带了一件礼品，那是一块唐朝的砖头，上面有原始烧铸的字，书有"清风明月"四字。不过，这块砖头不知道被什么人做成了一块砚台。为什么名人这次要带一块砚台来呢？因为上一次来副主任家时，他特地留心了一下，发现客厅里的书架上摆放着几十块砚台，凭心底直觉，他猜测出副主任或许对"砚墨"有特殊的偏好。

于是见面寒暄后，这位名人依然面带微笑，从书包里掏出报纸裹着的砖头，对副主任说："上周我去农村亲戚家，在废石堆里发现了这块带字的砖头，就带了回来。我也不会鉴赏，今天带来，是想让您指点一下。"

副主任接过手，左翻右转，然后又拿起放大镜仔细端详，突然大惊失色地说："这是墨砚，金龟戏海的图案，周边山水相同的花纹，是经精雕细琢过的，但不失自然淳朴之风，这肯定是历史上哪位名人用过的，真是宝贝啊！"

名人见时机已到，于是顺水推舟说道："不过是块烂砖头，

如果副主任不嫌放在家里碍事儿，您就垫花盆用吧。不打扰您了，我告辞了。”

三天之后，这位名人就接到了教育部门的通知，告诉他艺术学校学历的问题已经得到了妥善解决。

上面这两个故事都告诉我们，求人办事，不能够盲目送礼，不是说礼物贵重别人就喜欢，也不是送贵重的礼物就一定能够办成事，只有了解别人的兴趣爱好，因人而异，投其所好，才能够将礼物巧妙地送出去，让对方开开心心地接受，这样一来，求人办的事情就十拿九稳了。

礼物的包装有讲究

商务人士在送礼的时候，要想达到更好的效果，就不能忽视对礼品的包装，礼品的包装就好像是对礼品外在的打扮，俗话说“佛靠金装”，好礼品同样要有好的包装。就好像一个人，即便他容貌姣好，但是如果不重视自身的打扮，也会让人觉得降了档次。同样，礼品的包装也是这样的道理，礼品是内容，包装是外在，只有将二者很好地统一起来，才会产生和谐美。受礼者对礼品的第一印象就是看礼品的包装美不美，如果有着精美的包装，就会引发受礼者的好奇心及占有欲，就会对礼品更加感兴趣，也就能够接近你送礼的目的。因此，送礼的时候，如果想要让自己的礼物脱颖而出，与众不同，就要在礼品的包装上好好地下一番功夫。那么，如果想要在包装上别出心裁，要遵循哪几个原则呢?

1. 主题化

主题化是决定如何进行礼品包装的前提。选择礼品后，要清楚这个礼品想要传达的是什么情感，而外在的包装可以传递出这种含义。礼品赠送的主题有很多：如果是爱情赠礼，包装可选用心形或玫瑰图案，可用丘比特之箭进行装饰点缀，显现浓浓情意；亲情赠礼可选温馨的色彩，突出朴实宁静的亲切感。

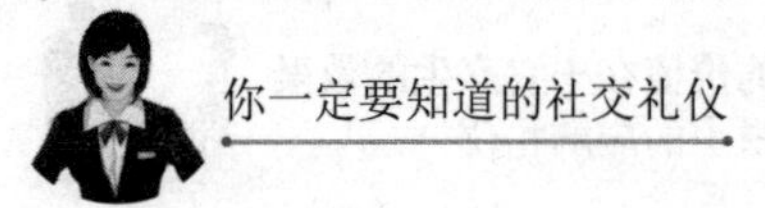

2. 形状化

礼盒的形状多种多样，有长方体、心形、圆柱体、圆锥体等，但总离不开两种基本的包装方法，即圆柱包装法与方形包装法。

3. 情感化

色彩会对人的情绪产生很大的影响，所以包装纸颜色的搭配应当按受礼人的年龄和性别进行区别：男士应当以冷色调为主；女士则可以选择色彩亮丽或大方简洁的浅色；老人宜选择沉稳的颜色；儿童则可以用活泼明快的多种颜色的搭配。

4. 艺术化

每种经过精心包装过的商品都体现出一种艺术性，可以用装饰带、装饰花等元素提升商品的艺术效果，从而起到锦上添花的作用。

5. 知识化

礼品的包装是一种知识型包装，送礼人在对产品包装之前，首先要了解包装的材料。例如，大商品不宜用花纹较小、色泽很淡的纸张，而小商品则不宜用花纹较大的纸张。只有充分地利用不断出现的新的包装材料，完全运用包装知识，才能够让商品的外在包装真正变成一门艺术。

6. 注意包装的色彩与图案

在礼品包装中，色彩与图案是包装的基本要素，是包装的基本风格。不同的国家和地区，因为彼此社会制度、宗教信仰及习俗之间的差异，对颜色和图案也都有不同的偏好与禁忌，而且在历史、地理及观念的影响之下，这种偏好和禁忌有着很大的差异。例如，在中国，黄色是一种尊贵的颜色，德国与委内瑞拉也非常钟爱黄色，但是俄罗斯人则认为黄玫瑰是不吉利的，法国与马来西亚民间也忌讳黄色；在泰国，大象是神圣的，不可侵犯的，然而在英国则成了禁忌；而阿拉伯国家是绝对不能够出现猪的图案的；在美国，蝙蝠被视为恐怖与死亡的象征。因此，在送给外国商人礼品的时候，一定要了解包装上的禁忌，不要因为不懂这些知识而在商品的外包装上触犯对方的禁忌，闹得不欢而散，那就因小失大了。

下面是一些国家商品包装的禁忌，在馈赠外国客商礼品的时候，千万不要触犯：

国际上视三角形为警告性标志，所以忌用三角形做出口产品的确定商

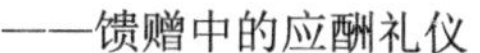

标。阿拉伯国家规定进口商品的包装禁用六角星图案。因为六角星与以色列国旗上的图案相似，阿拉伯国家对带有六角星图案的东西非常反感和忌讳。

欧洲人中除比利时人视猫为不祥之物外，大都喜欢黑色猫。利比亚对进口商品包装禁止使用猪的图案和女性人体图案。

法国人视鲜艳色彩为高贵，并视马为勇敢的象征。

荷兰人视橙色为活泼色彩，橙色和蓝色是国家的颜色，荷兰人还钟爱郁金香。

法国人忌核桃，厌恶墨绿色，忌用黑桃图案，商标上忌用菊花，他们视孔雀为恶鸟，忌讳仙鹤、乌龟，不宜用其做商标。

英国商标上忌用人物肖像，也不用大象、山羊做图案，喜好白猫。和法国人一样，英国也视孔雀为恶鸟，不宜将其作为商标，他们视马为勇敢的象征。

瑞士人忌讳猫头鹰。丹麦人视红、白、蓝色为吉祥色。意大利人视紫色为消极色彩，服装、化妆品及高级的包装喜好用浅淡色彩,食品和玩具喜好鲜明色彩。同时，对出口德国的商品和包装，禁用类似纳粹和军团符号做标记。

受礼和答谢礼仪

在商务馈赠中，不仅送礼的一方要讲究礼仪，同样，受礼的一方在接受礼物的时候，同样要遵循接受礼物时候的礼仪。而在接受他人的赠礼之后，仅仅接受是不够的，还要对他人进行答谢，这也牵扯到答谢的礼仪。下面就介绍一下受礼及答谢的礼仪。

1. 受礼礼仪

通常情况下，对于一件适合的礼品，受礼人应当郑重其事地收下。

他人口头宣布有礼相赠时，无论自己在做什么事情，都应当暂时停下来，起身站立，面向对方，做好受礼的准备。

对方取出礼品后，准备赠送时，不要两眼紧盯着不放，也不能开口相问，以免显得自己过于急切，更不能直接伸手去抢，这样有失风度。

送礼者递上礼品的时候，应当主动伸出双手前去迎接，这样显得更为正式。切记不要只伸出一只手接礼品，这是对送礼人的不尊重。接受礼品的时候，要面带微笑，双眼注视对方。如果接过来的是对方提供的礼品单，则应当从头到尾仔细地读一遍。在正式场合中，受礼者应当将礼物放在左手上（大的礼物可先放下），然后抽出右手与对方握手，表示谢意。

你可能会对收到的礼品赞不绝口，但不要忽视了送礼人。在双手接过他人礼品的同时，应当立刻向对方道谢。“谢谢您”三个字说明你看重的并不是礼物本身，而是送礼人送来的这份情谊。此外，还可以说一些动听的话，或者是令对方开心的话进行答谢，如“您能想到我太好了”。

接受礼物时应当客套一番，但要注意不应过度，也不要过于推辞，客套起来没完没了，这就会使你显得为人虚伪，甚至还会伤害送礼者的感情，即便送的礼物并不是特别合你的心意，也应当面带微笑地对他人致谢。

欧美人在收到礼品之后，会当着客人的面，小心翼翼地打开，欣赏一番，然后从外包装到内包装再到礼物都会大加赞赏，高兴的时候还会同你拥抱一下，与送礼者共同分享收到礼物的喜悦之情。欣赏完礼物之后，他们会重新将礼物完完整整地包装好，在他们看来，这才是一个完整的受礼仪式。但是，中国人接受礼品的时候往往比较含蓄，一般不会在送礼者的面前打开，而是会将礼物先暂时放在一边，等送礼者离开之后才会一看究竟。这样做一是为了表示自己更看重对方的心意，而不是礼品本身；二来也能够避免自己万一不喜欢对方所送礼物时的尴尬。还有一点，如果收到的是不同地位的人送来的礼物，不当场打开礼物还可以避免相互比较。但是随着社会的开放，中国人也不再那么刻板了。如果时间充裕、人数不多且礼品包装精美，那么在接过他人相赠的礼品之后，应当尽可能地当着对方的面，将礼品包装当场拆封。这表示自己看重对方，同时也非常重视对方的礼物。开启包装的时候，动作要优雅文明，不能够粗鲁地撕扯包装用品。需要注意的是，结婚礼品是不能够当场打开的。

拆开包装之后，要对礼品进行动作及语言上的赞赏。例如，如果你收到了一束鲜花，可以将其先捧起来闻一闻，然后装入花瓶，并放在醒目的地方。

2. 答谢礼仪

受礼人收到礼物之后一定要及时地以书面形式进行感谢，而不能通过一个电话随随便便致谢，那样显得不够庄重。感谢信要在收到礼物后几天

之内，最迟两个星期内寄出，如果给长辈写感谢信，更要注意速度，因为这样做才能够体现你对长辈的尊敬。

如果同时收到了来自各个方面的礼物，也要尽量抽时间予以回复，而且每件礼物都应当分别亲自致谢。如果送礼的人太多或是时间不充裕而来不及给每位送礼者写感谢信的话，那么你可以给每个送礼者寄一张明信片，表明你已经收到了礼物。但是，以后有空时仍要写一封感谢信。写感谢信时，注意内容应当简练明了，不应长篇大论，而且要感情充沛，表达出自己真诚的谢意。值得注意的是，如果你对收到的礼物并不满意，那么就不要在答谢信中进行赞美，只要简单地写上“在这个美好的日子里，谢谢您还记得我”。就可以了。

另外，受礼人收到馈赠的礼品之后，一般会进行回赠。来而不往非礼也，中国自古就有礼尚往来的习惯，因为回赠礼品能够加强联系，加深友谊。可以选择在节日庆典进行回赠，如果在生日婚庆或晋级升迁时接受的礼品，则可以在对方有类似的情形或适当的时候进行回赠。回赠的时候要注意，回赠的礼品不可重复，一般应该选择价值相当的礼物。也可以视情形而定，不必每礼必回。

人际交往的过程中，双方互相馈赠礼物本就是一种礼仪的体现，同时也是情感的交流。伴随着社交活动的频繁展开，必须要熟练地掌握馈赠、受礼及答谢礼仪。在互相馈赠的过程中，如果能够很好地遵循这些礼仪，一定能够让礼物在人际交往中发挥它最大的作用。

拒绝礼品的礼节

中国有句古话：“官不打送礼的。”意思是说，在送礼人面前，无论多么严厉的人都不好意思当面直斥。在生活中，同样会遇到这样的事情，如果别人送来的礼你不能收或者不想收，而又不便直接拒绝，那么应当怎么办呢？下面我们详细介绍下礼貌拒绝送礼人的方法。

1. 婉言拒绝

受礼人可以用委婉的语言或向送礼人表明自己拒绝礼物的态度。在这

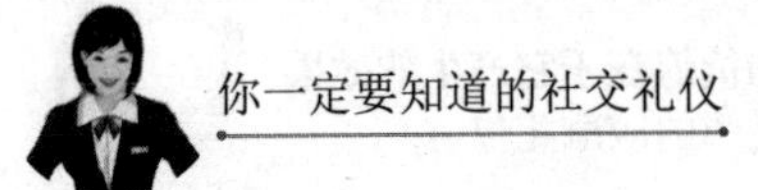

一方面，我们可以看看王安石是怎样做的。

王安石，江西临川人，字介甫，号半山，是北宋一位杰出的政治家、改革家、思想家和文学家。他一生为官清廉，一身正气，两袖清风，刚正不阿，对于官场中吹牛拍马、徇私舞弊、行贿受贿等行为深恶痛绝。

一次，一位客人拜会王安石，带了两件家藏古物——古镜和宝砚，并准备将这两件东西送给王安石。王安石仔细一看，的确是世间难得的稀罕物，但是他不能接受，于是他故意问客人："这镜子和砚台有什么特别的好处？"客人说："你看这镜面光滑透明，近照人影一致，可远照二百里物和景；再看这砚台石质又细又密，不伤笔，又省墨，不信你呵口气试试，马上就能得水磨墨。"王安石哈哈大笑："两件都算是稀奇宝物，对我来说可没有多大作用啊。吾面不及碟子大，哪里还要用什么能照两百里的古镜呢？再说我有个习惯，要写字，必先取水磨墨。你的砚台能一呵气就得水，又能值几个钱？"就这样，王安石婉言拒绝，把镜子和砚台都还给那客人了。

2. 直接拒绝

直接拒绝，也就是当面直截了当地向送礼人表明自己拒绝接受礼品。当场拒绝的时候，立场要鲜明，态度要诚恳，要做到柔中见刚、义正言辞，不让送礼人有回旋的余地。例如，拒绝别人所赠的大额现金时，可以讲："我们有规定，接受现金馈赠一律按受贿处理。"如果是比较贵重的礼品，可以说："我们公司规定，凡是收到的礼物必须登记上缴，所以，您还是别破费了，你的事情能办我一定会尽力的。"

3. 旁敲侧击

送礼人在送礼的时候采取的方式多种多样，如他们会借助亲情、友情、老乡感情等理由进行掩盖，让人难以拒绝。倘若遇到这种情况，可以对其旁敲侧击，举一些自己身边的事例作为回绝的理由，例如，"最近我们单位这些事查得挺紧的，某某人就是因为收礼结果丢了位子，虽然咱们

是好朋友，但是还是很难避嫌，千万不能在关键时刻让人误会。”

4. 事后归还

有的时候，送礼人会在大庭广众之下将礼物赠送给你，这种情况下，如果当面拒绝，会让送礼人没有台阶可下，此时可以采取事后归还的方法进行处理。应当注意的是：要及时归还，最好在24小时之内物归原主；不要破坏商品包装，如果其中有一些易坏的食品，最好能够买一些新鲜的送回去，或是用价值相当的礼物回赠。

第十三章　恰到好处地传达你的关怀与诚意
——拜访中的应酬礼仪

俗语说："无事不登三宝殿。"这句话在登门拜访中尤为适用，拜访总是有一定的目的性，或是为了拉近双方的感情，或是为了促进商务活动的进展，而是否能够良好地运用拜访礼仪，会影响被拜访者对你及所在企业的印象，从而影响商务活动的进程。

商务拜访的目的和准备

对于商务人士而言，与交往对象商务上的往来是难以避免的，也是必不可少的，这就需要商务人士经常进行商务拜访。商务拜访中，与交往对象面对面的沟通是促成商务成功的基础。那么，要做好一个商务拜访，需要做哪些工作呢？

1. 明确拜访的目的

所谓明确商务拜访的目的，就是说，商务拜访要有针对性。拜访都是有一定目的的，在拜访之前要想清楚这次拜访想要达到什么样的效果，要做成什么样的事情，如需要商量工作上的进展，或是恳请对方做哪些工作等。有了目的，才能够有的放矢，才能够围绕主题去跟拜访对象交流。而且拜访之前要认真地设想可能会出现的意外情况，并制定对策，做好了这

些工作，在拜访的时候才能够胸有成竹，自信沉着。如果没有明确拜访的目的，往往就会东拉西扯，言不及义，不知所云，拜访结束之后自己一无所获，这样的拜访是没有什么效果的。

2. 商务拜访前的准备

（1）确定拜访的时间：在进行正式商务拜访之前，应当考虑对方的时间，看对方是否方便，最好在对方容易接受的时间进行拜访，这样会取得最好的拜访效果。决定拜访之后，要选择一个恰当的时间，并提前预约，以防突然出现给对方带来不必要的麻烦。进行预约的方式有当面预约、电话预约、书信预约。通常应当提前三天告知对方，并简要说明自己拜访的原因，以及预计到访时间，待对方同意之后方可前往。预约的时候要用和善、商量的语气，不应当用强求或命令式的语气。确定见面时间之后，一定要如时到达，如果因故不能及时到达，要马上通知对方，并讲明原因，无故迟到或失约是极不礼貌的。

如果你选择的时间与对方的时间安排有所冲突的话，则可以与对方商量之后再确定另外的时间。在商务拜访之前，没有提前预约就贸然前往，搞突然袭击的话，轻者会招致被拜访者的不满，重者甚至会影响自己的职业前途。

小李在工作中一直兢兢业业，而且业务能力一流，同事非常佩服他，领导也比较看好他，都觉得他是主管候选人的不二人选。在人事变动的那几天，小李决定单独去领导家拜访一下。然而，正是这次拜访，让小李追悔莫及。他说：“现在我还记得领导开门时的表情。如果当时注意到这些细节，我会随便找个借口离开。”结果，不邀自来的小李一进门就吃了个“闭门羹”，在房间里非常局促地呆了一会儿，站也不是，坐也不是，最后匆匆告辞了。事后，小李才知道，他去拜访的那天某领导正在和妻子因为一些琐事而闹脾气，当时领导正在火头上，而他却恰恰成了不速之客，撞在了枪口上，让领导觉得十分愤怒。“几天后，领导开门见山地对我不请自到的拜访提出了一些礼仪方面的建议。”小李说，“很感谢领导在礼仪方面对我提的几点要求，如

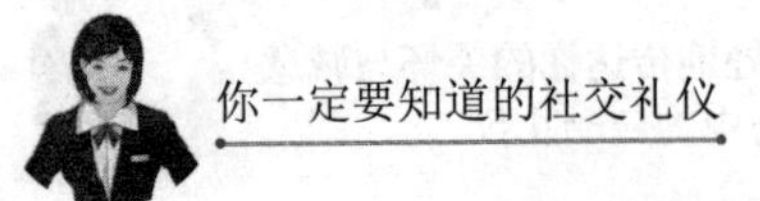

果我的那次拜访是出现在商务活动中，一定会让客户很反感。”

从那以后，小李对拜访的礼节开始重视起来。

一般来说，商务拜访要避开星期一上午、星期五下午，因为这两个时间段往往是大家最忙的时候，这个时候要么是安排一周的工作，要么就是要开例会。另外，每天上班后的一小时及下班前的一小时也要避免，因为这个时候上班后的一小时要安排一天的工作，而下班前的一小时则是因为已经忙碌了一天，身心疲惫，不宜打扰。

不仅如此，拜访还要避免对方的禁忌之日，如对方信仰宗教的重大节日，一些西方人忌讳13日和星期五等。

（2）注意仪表：在进行商务拜访之前，要对自己的仪表有所修饰。因为干净整洁的仪表体现了你对被拜访者的尊重，出门前要检查一下，看哪里有不妥之处。一般来说，男士在进行商务拜访时应当身穿深色西装，内穿白色衬衣，领带颜色要稳重，应以传统图案为主，脚穿黑色皮鞋、深色袜子。商务女士进行拜访时，应当选择职业套裙配白衬衣，脚穿中跟浅口皮鞋，配肉色丝袜。

（3）礼品选择：在商务拜访时，是否需要携带礼品，要视具体情况而定，一般来说，如果拜访的目的是为了表示感谢，那么准备一些礼品是合适的。在选择礼品的时候，要因人而异，要有针对性，尽量能够让受礼人一眼就能喜欢上你的礼品。但是要记住，不要赠送过于贵重的礼品，如珠宝、首饰、现金等，以免让受礼人增加顾虑，或有受贿感。如果是其他的拜访，则不必携带礼品。

（4）准备名片。名片是商务身份的标志，交换名片也能获得对方的好感和信任。所以在拜访之前，务必要准备、检查一下自己的名片。既要看有没有准备好名片，还要看你所带的名片是不是适合这次拜访。当然，如果只有一种名片就没这个问题了。

（5）准备书面资料。去拜访总有明确的目的性，为使所要表达的内容准备、全面，事先应该给自己列一个提纲。还有诸如建议书、洽谈书、协议备忘录、公司介绍、报价单等其他书面资料。准备充足的书面资料，足以说明你的诚意，也足以使你在拜访中有条有理、主旨分明，大得印象分。

（6）查询路线、交通。很多城市发生经常性的交通拥堵，所以要事先弄清楚所去地点的具体交通路线，并尽可能多准备几种交通方式。另外，还要提前出发，提前到达目的地熟悉环境总比迟到要强得多。

商务拜访要守时

在商业迅速发展的今天，时间已经成为每个商务人士最为宝贵的资源，“时间就是金钱”这句话在当今商业社会一点儿都不夸张。所以，在进行商务拜访的时候，一定要注意守时，因为守时是一个人职业素养和人格的体现，遵守时间是一个有助于打动别人的简单方法，而浪费他人的时间无疑就是浪费他人的商业机会。可以这么说，守时是商务拜访礼仪中的第一准则。

德国人是目前最为守时的，一旦约定好时间，他们一定会按照计划履行，除非出现特殊情况，否则绝对不会变动。德国人应邀到他人家去做客或外出访问朋友的时候，都会准时到达，不会浪费主人的时间，如果因为特殊的原因而无法准时到达时，会向朋友表示自己的歉意，并请求原谅。

德国哲学家康德守时是出了名的。不论是拜访老朋友还是陌生人，都是一样守时，约定好的时间必定准时出现，不论出现什么情况。他认为，守时代表着一种礼貌和信誉。

有一次，他想要去一个名叫珀芬的小镇拜访他的一位老朋友威廉先生。于是，他写了信给威廉，说自己将会在3月5日上午11点钟之前到达那里。威廉回信表示热烈的欢迎。

康德3月4日到了珀芬小镇，为了能够在约定的时间到达威廉先生那里，他第二天一早就租了一辆马车赶往威廉先生的家。威廉先生住在一个离小镇十几英里远的农场里。而小镇和农场之间，隔着一条河。康德需要从桥上穿过去。但马车来到河边时，车夫停了下来，对车上的康德说：“先生，对不起，我们过不了河了，桥坏了，再往前走很危险。”

康德只好从马车上下来，看看从中间断裂的桥，他知道确实不能走了。此时正是初春时节，河虽然不宽，但河水很深。康德看看时间，已经10点多了，他焦急地问："附近还有没有别的桥？"

车夫回答："有，先生。在上游的地方还有一座桥，离这里大概有6英里。"康德问："如果我们从那座桥上过去，以日常的速度多长时间能够到达农场？""最快也得40分钟。"车夫回答。这样康德先生就赶不上约好的时间了。

于是，他跑到附近的一座破旧的农舍旁边，对主人说："请问您这间房子肯不肯出售？"农妇听了他的话，很吃惊地说："我的房子又破又旧，而且地段也不好，你买这座房子干什么？""你不用管我有什么用，只要告诉我你愿不愿意卖？""当然愿意，200马克就可以。"

康德先生毫不犹豫地付了钱，对农妇说："如果您能够从房子上拆一些木头，在20分钟内修好这座桥，我就把房子还给你。"农妇再次感到吃惊，但还是把自己的儿子叫来，及时修好了那座桥。

马车终于平安地过了桥。10点50分的时候，康德准时来到了老朋友威廉的房门前。一直等候在门口的老朋友看到康德，大笑着说："亲爱的朋友，你还像原来一样准时啊。"

康德和他的老朋友言谈甚欢，度过了一段快乐的时光，但是，他却隐瞒了为准时到达而买下房子、拆下木头修桥的过程。后来，威廉先生从农妇那儿听到了这件事，专门致信康德说，老朋友之间的约会大可不必如此煞费苦心，即使晚一些也是可以原谅的，更何况是遇到了意外呢。不过康德却始终认为守时是必须的，不管是对老朋友还是陌生人。

守时是一种美德，对于商务人士而言，更应当懂得守时的重要性，但是，在一些国家守时却并不一定意味着你必须按照约定的时间分秒不差地到达。例如，如果你受邀到一个美国人或是加拿大人家里去作客，如果通知你的时间是7点整，你最好能够在7点一刻到达，迟到、早到都不合适。

但是，如果换做是德国、瑞典或瑞士这些国家，如果约定的是7点整，你就必须恰好在那个时间到达。在美国游客中，有这样一个共识，当你在欧洲乘坐飞机的时候，只需要观察每个旅客的行为，就能够判断出哪些是德国人、瑞典人或瑞士人了。因为当飞机起飞的时候，来自这些国家的人总会看一下手表；飞机降落的时候，他们会重复同样的动作。

然而，在拉丁美洲，如果有人约你7点钟去家里作客，那么你就不能在7点到，因为你7点到的时候，没准主人正在做其他事情，可能完全没有做好这方面的准备。实际上，就算你8点钟才到，主人也不会有什么怨言，有的甚至会认为你来的略微早了些。

同样，在印度尼西亚或泰国，对于守时的要求也没有那么高。关于“守时”，不同的国家和地区有着各自不同的态度，所以应当将这个问题弄清楚，不管去哪个国家和地区，都应当事先了解一下当地人的时间观念。下面是世界各地对于守时的看法：

（1）极为重视守时的国家：所有的北欧国家（斯堪的纳维亚诸国、德国、瑞士、比利时等）。

（2）比较赞赏守时态度的国家：加拿大、澳大利亚、英国、法国和美国。

（3）对守时态度比较缓和的国家：欧洲南部（西班牙、意大利、希腊等国家），还有绝大多数地中海国家。

（4）不是太注重守时的国家：绝大多数拉丁美洲国家和许多亚洲国家——在这些国家，你尽可以不必带着手表，甚至可以将时间观念放在一边。

拜访礼仪敲开对方心扉

在进行商务拜访时，商务拜访礼仪对于企业的形象及业务上的交流都有着很重要的影响。拜访人员的言谈举止、表情态度都会影响拜访的效果。因此，文明礼貌的谈吐和优雅得体的举止是商务拜访的基本要求，具体来说，商务人士要掌握以下有关商务拜访的礼仪，才能够取得最好的效果。

1. 礼貌敲门

拜访时，到达受访者的地点之后，要事先敲门或按门铃，不能擅自闯入，而且敲门或按门铃之后，只有被允许进入或有人出来迎接时才可以进去。敲门的时候，声音不可太大，也不可过小，敲门声太大的话，对方会认为你不礼貌，而声音太小则可能会导致对方听不到敲门声。按门铃也是同理，不能一直不停地按，而是应当在按了一下以后稍等一会，如果主人没有回应，则可以继续按。如果拜访时，对方有其他客人在场，应当向在场的客人打一声招呼。而如果你作为先到的客人的话，见到新来的客人之后，应当主动站起来，等待主人的介绍。

2. 耐心等待

到达之后，如果被拜访的人正忙于处理其他的事情，那么最好安心等待，不要打扰他，就算已经等了很久，也不可以不耐烦地走来走去，或是不停地看手表，可以问一下他的助理什么时候有时间。如果被拜访的人一直抽不出时间来的话，那么可以向他的助理解释一下并另约时间，说话的时候一定要用礼貌语言，即便自己满腹怨气，也不能表现出来。

3. 携带名片

商务人士都有自己的名片，带名片的好处是：第一，不必说自己是什么头衔、什么职务，免去了介绍的麻烦；第二，你能够换回对方的名片，方便今后联系。

4. 礼貌问候

与被拜访者见面之后，假如是初次拜访，要先做自我介绍，然后问候对方，问候的时候，记得要加上对方的头衔。进入会客室之后，可能你的第一句话是：“你好，见到你很高兴。”但这远不如说：“王经理，你好，见到你很高兴。”如果彼此已经熟悉，则可以先行问候，之后握手致意。进去之后，不能够随便就坐，应当在主人安排好座位之后再入座。如果主人没有坐下的话，不能先于主人入座，当主人请自己坐下的时候，记得要说一声“谢谢”。如果主人委派别人端上茶水，应当从座位上欠身，双手接过，并表示感谢。抽烟的人应当尽量克制自己，如果必须要抽烟，应当事先询问主人及在场女士，征得他们同意之后方可抽烟。

5. 有效交流

拜访的时候，要掌握好时间，应当尽可能地将谈话切入正题，直接、清楚地表明自己的来意，不要总是说一些与主题无关的事情。说完之后，可以请对方发表意见并仔细地倾听，不要打断对方讲话，也不要不停地辩解，如果有其他的意见，可以等对方讲完之后再进行表述。双方在谈话时，作为来访者，还应当注意说话的礼仪，做到谈吐清晰，条理分明，逻辑合理，不要高谈阔论，滔滔不绝，不给他人表达的机会。交谈不是一个人的倾诉，而是两个人的交流，所以想要得到比较好的沟通效果，应当更多地让主人发言。如果双方之间出现了分歧或矛盾的话，要平心静气地进行讨论，不能一争到底，更不能怒目相向，不欢而散。

6. 随身物品不能乱放

拜访的时候如果自身携带有礼品或随身带着外衣等物品时，不要随便搁放，应当放在主人指定的地方。假如没有指定的地方，可以在征求主人的意见之后，按照主人的指示放置。

7. 注意动作和姿态

在同对方交谈的时候，要注意自己的动作和姿态，不要玩弄某个小东西，不要用手不停地弄头发，或掏耳朵，或东张西望等，这些动作都有失风度。

8. 把握好拜访时间

作为拜访者，应当把握自己的拜访时间，不能做过多时间的停留，如果想要表达的问题已经表达清楚，而且应当解决的问题已经得到了完善的解决，就可以向对方提出告辞。那么告辞的时机又是怎么把握的呢？一般来说，出现以下几种情况时，可以适时地、礼貌地提出告辞：

（1）被拜访者心不在焉，反应冷淡，长吁短叹，甚至对你的讲话毫无反应，不愿理会的时候，就应当知趣地告辞。

（2）被拜访者站起身来，或是将你们的谈话做了一番总结，并且说出以后可以再继续交流的话时，可以提出告辞。

（3）被拜访者虽然看起来非常“认真”，但不时地看手表或看时钟的时候，可以提出告辞。

（4）被拜访者把双肘抬起，双手支在椅子的扶手上时，可以告辞。

（5）即将到了休息或是用餐时间时，应当告辞。

9. 礼貌告辞

告辞的时候，应当对被拜访者的友好、热情给予肯定，并向主人说一些“打扰了”“添麻烦了”“谢谢了”之类的客套话，还可以说些诸如“这两个小时过得真快”“和您说话真是一种享受”“请您以后多指教”“希望我们以后能多多合作”等话。如果告辞的时候，有其他客人在场的话，不能够悄无声息地离开，而是应当和在场的客人一一握手或是点头致意。离开的时候，要跟主人说一声“再见”“请留步”之类的话，等主人留步后，向前走出几步，然后再回首跟对方挥手道别。

另外，准备告辞的时候，最好不要在被拜访者或是其他人讲完一段话之后提出，因为这会让他人觉得你对他的话听得不耐烦才告辞的。因此，最合适的告辞时机是在你自己讲完一段话之后提出。同时，告辞之前不要打呵欠或伸懒腰。

拜访中交谈时的六种不宜

进行商务拜访的时候，能否拜访成功、取得较好的拜访效果，谈话是非常重要的，因为人们在交往中用到的最多的工具就是语言，因此，在谈话的时候，什么该说，什么不该说，心里要一清二楚，不要因为触犯了禁忌的话题而导致不欢而散。一般来说，商务拜访的时候有以下六种不宜：

1. 过分开玩笑

商务人士在拜访他人的时候，可能刚开始会过于客气，但是时间长了，场面可能就会有些冷清，话题也难以展开，这个时候，可以开一些适当的玩笑调节一下气氛，让大家都轻松起来，拉近彼此的距离，也有助于双方的交流。但是开玩笑的时候一定要注意的一个问题是，玩笑不能开得太过火，否则可能会触及对方的底线，甚至令对方勃然大怒。在现实生活中，即便是太过要好的朋友，也有因为玩笑开过火而导致大打出手的事情，更何况是在商务场合，因此，一定要注意“度”的把握。那么如何把握这个“度”呢？

首先，开玩笑的时候，应当因人而异，要了解说话对象的特点、性格及心理承受力，以免伤害到对方的自尊。其次，开玩笑的时候要观察对方的情绪。同一个人，会因为不同的时间和情境而有不同的情绪，因此，开玩笑的时候要注意观察对方的情绪，假如对方情绪高昂，可以适当地开一些玩笑。不过，如果对方心事重重，或是面色阴沉的话，这个时候一定要注意，如果玩笑开得不当，对方就可能对你心生厌烦。再次，应当注意开玩笑的场合及环境。如果在比较庄重和安静的场合，那么话题应该以正式和高雅为主，不要插科打诨，嬉笑打趣。最后，玩笑的内容应当积极向上，幽默风趣，不要以无聊、肉麻当有趣，更不要讲一些低级、庸俗的笑话。

2. 闲谈论人非

很多商务人士进行商务拜访的时候，往往喜欢提及对方熟悉的第三者，这不失为一种缩短两人距离的好办法。但是，在谈论他人的时候，不要妄自以自己的观点评判别人，尤其是不要议论他人的是非，更不要肆意贬低别人，揭露他人的短处，这样会让对方觉得你是个多嘴多舌的人，会怀疑你在其他场合也会议论他的短处，从而会产生戒心。

3. 人云亦云

有些人为了能够尽量拉近彼此之间的关系，往往会人云亦云，别人说对，他就随声附和是对，别人说错，他也跟着说错。如果一直这样的话，那么别人就会失去对你的信任，会认为你没有自己独特的看法，缺乏主见，也难以承担大任。

4. 自我粉饰

有些商务人士交谈的时候喜欢自卖自夸，自我粉饰，不论他人说什么，他总能够将话题牵扯到自己身上，然后不吝夸赞之词，这种自我粉饰的方式是非常容易令人反感的，因为没有人喜欢太过自恋的人。

5. 啰里啰唆

谈话的时候应当尽量就主题展开，言辞简练，中心鲜明，思维缜密，有条有理。这样对方听了之后就能够将整个事情了解得一清二楚。如果啰啰唆唆，没完没了，东拉西扯，言不及义的话，别人听了之后，往往不知道你到底讲的是什么，仿佛云里雾里似的，这对于双方的沟通是一个极大的坏处。因此，交谈的时候应当尽量简练，能一句话说清楚的就不要翻来

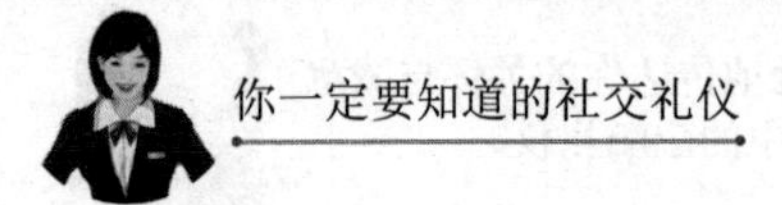

覆去地说，不要总是考验别人的耐心。

6. 轻易许诺

商务人士在进行拜访的时候，不要因为一时的高兴，而轻易地许诺给对方什么。一旦许下了承诺，无论如何，也要想方设法兑现诺言，如果只说不做，别人就会认为你言而无信，以后就不再信任你，也就难有再次合作的机会了，因此，不要轻易许诺别人，一旦许诺，一定要做到言必信，行必果。

探望住院的商务伙伴

俗话说："病来如山倒。"每个人都会有生病的时候，而自己的亲属、朋友或商业合作伙伴生病了的话，我们前去探访一下也是人之常情，但是探访病人的时候也大有学问，有很多问题要注意，一不注意，就可能会引起各方面的问题。

老姜生病了，有很多商业上的合作伙伴来看望他，看到这么多人关心自己，老姜心情好了很多。但是，自从老张探望他之后，老姜的妻子发现老姜总是忧心忡忡，闷闷不乐。

"怎么了，看你情绪不好啊？"老姜的妻子问。

老姜艰难地抬起头："老婆，你跟我说实话，我得的到底是什么病？"

老姜的妻子不解地说："胆结石啊，我不告诉你了吗，你看你，老是疑神疑鬼的。"

老姜眼泪都要出来了："你别骗我，跟我说实话。"

老姜妻子更不明白了："你到底怎么了？是不是老张跟你说什么了？"

"嗯，老张跟我讲起他一个得肝癌的朋友死的事，我觉得怎么就跟我的情况一样啊。"老姜越说越伤心。

老姜的妻子听完之后异常气愤，心里恨恨地想："这个老

张，出了名的狗嘴吐不出象牙来，真是的，探病就来探病，说什么乱七八糟的东西，下次再不让他来了。”

在这个故事里，老张就犯了探病时的大忌，讲了一些耸人听闻的事情，致使病人情绪低落，也引起了病人家属对他的不满。那么，假如我们去探望病人的话，需要注意哪些方面的礼仪呢？

1. 选择合适的时机

探望商业伙伴的时候，最好提前预约，或是了解清楚探病时间及病人接受治疗的安排情况之后再去探望。另外，要选择恰当的时机，应该在医院规定的时间探望，由于病人更为注重饮食和睡眠，最好不要在病人用餐及晚上休息时探望。

2. 准时到达

在商务伙伴生病住院期间，由于他们的生活极其规律，接受治疗的时间及休息时间都安排得井井有条，所以探望商业伙伴的时候要准时到达，依照事先约定的时间拜访，避免影响他的休息或耽误治疗。否则，不仅显得自己失礼，有时候也会白跑一趟。

3. 注意言谈

探望商业伙伴时，要注意自己语言上的分寸，说话的时候情绪要平静，语音要适中，不要欣喜若狂或悲观消沉，应当语调轻松，神态自然，尽量不要谈及商业上的事情。多讲一些轻松、开导、劝慰、鼓励的话，增强病人战胜疾病的勇气，或劝慰病人放宽心，安心休息，早日康复。对于病人的病情，可以通过其他人了解，假如病人自己没有提及，那么不要跟他谈论有关病情的话题，千万不可以对病人说他已经病入膏肓，或列举一些类似的病例，这会让病人的情绪跌入低谷，而你自己也太过失礼了。

4. 不要随便送花

通常人们在探望病人的时候都会带去一些鲜花，殊不知，有时候给病人送花可能会导致他们病情加重。如果送香味很浓的花，其花粉容易导致呼吸道过敏。而如果是色彩太过浓艳的花，则会刺激病人的神经，使他们的情绪变得更为烦躁。因此，病人在住院期间，最好不要随便送花，可以

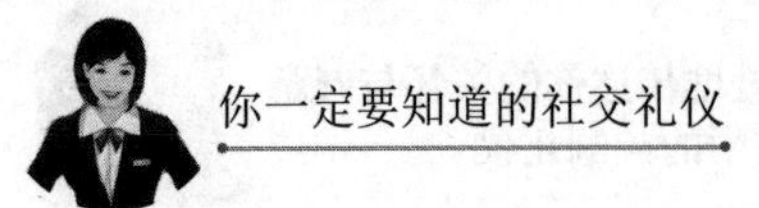

适当带一些水果或其他有助于恢复健康的营养品。

5. 慎选礼物

给病人带礼物的时候，应当根据病人的病情适当地选择，要了解病人能吃什么东西，吃哪些东西对他们的恢复更有利。

以下是适合各类病人的礼品，方便探望时更准确地选择：

（1）探望糖尿病人、水肿病人，可以带含蛋白质的食品，如奶制品、蛋类、肉松等。

（2）探望高血压、冠心病、胆囊炎、肾炎和高烧病人，宜带含有维生素的清淡食品，如新鲜水果、水果罐头和果汁等。

（3）探望气管炎、肺气肿、肺结核等咳嗽、咳血的病人，可送有补养、润肺、止咳作用的核桃、蜂蜜、银耳和梨等。

（4）探望妇科病、贫血等病人，或孕妇、产妇，宜带营养、补血的红糖、鸡蛋、鲜虾、奶制品和豆制品等。

（5）探望肝炎、低血糖等病人，可带白糖、蜂蜜、大枣等。

（6）探望胃肠道病人，宜带易消化、无渣的藕粉、麦乳精、果汁等。

（7）探望肿瘤病人，宜送香菇、人参、水果等。

对于长期卧床的病人，除了这些水果及食物外，还可以带一些供他们消遣的书籍、画册等，可以让病人适当地分散注意力，心情更为轻松舒畅。

6. 结束访问

从健康的角度考虑，最好能够适时地、委婉地结束探望，为了能够让病人得到更好的休息，和病人谈话及逗留的时间不要太长，一般以15分钟为好，最好不要超过半个小时。

7. 细节礼仪

（1）由于病人身体虚弱，需要休养，因此，探望病人的时候穿着不要过于艳丽招展，应当以素雅简单为主。

（2）看到病床周围的医疗器械及药瓶之后，不要大惊小怪，以免增加病人的紧张感。

（3）与病人握手、交谈的时候要用和往常一样的神情，切忌表现出冷漠、畏缩或是过分亲昵、关切的态度，以免引起病人的猜疑。

（4）假如对方患的是传染病或自身患了传染病，就不必去探望，可以写书信慰问或是致电慰问。

（5）谈话的时候，话题尽量不要涉及公务及家庭方面的琐事，不要委托病人办事，更不可向病人透露任何坏消息。

（6）在交谈中，尽量让病人处于主导地位，如果病情许可，可以让病人多说些话。

鲜花的含义

人们在进行商务拜访或商务接待的时候，往往会带上鲜花，鲜花能够让人心情愉悦，心生欢喜，但是，不同的鲜花也有着不同的含义，每种鲜花按照其品种、色彩、数目及搭配的不同，代表了不同的含义。如果事先不了解鲜花的含义，选择鲜花的时候没有考虑这一点，那么送给别人的鲜花可能会弄出差错，而你的一番好心也可能会被他人误解。尤其是在商务场合，如果送错了鲜花，将会是一个非常尴尬的局面，因此，身为商务人士，应当了解不同的鲜花代表的各自的含义。

在世界上，很多鲜花的含义是人们口耳相传、广为认可的，这就是鲜花的通用含义。很多情况下，人们将鲜花的通用含义称为花语，花语就是借鲜花表达自己的意愿，借鲜花寄托自己的感情。

有很多鲜花被用来“寓情于景”、表达人的感情。如玫瑰代表爱情，柠檬代表挚爱，丁香代表初恋，橄榄代表和平，百合代表纯洁，桂花代表光荣，白桑代表智慧，紫藤代表欢迎，豆蔻代表别离，杏花代表疑惑，石竹代表拒绝等。

如果嫌单种花单调的话，还可以将几种花语相近的鲜花混合搭配，而那些经过固定搭配的鲜花，往往就会有了新的含义，形成了新的花语。

例如，用代表成婚的长春藤、表示结合的麦藁和表示羁绊的五爪龙组合而成的花束赠予新婚者，表示的是“一心相爱，白头到老”的含义。用表示谨慎的鸟不宿、表示勤勉的红丁香和表示战胜困难的菟丝子组合而成的花束赠予友人，表示的是“勤勉奋斗，马到成功”的含义。而用表示祝

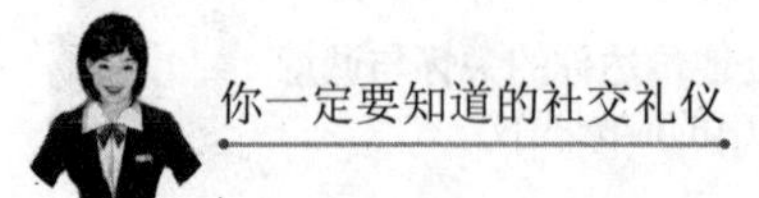

愿的香罗勒、表示分别的杉枝和表示勿忘的胭脂花组合而成的花束赠予远行之人，表示的则是“为君祝福，请勿忘我”的含义。

另外，同一品种的鲜花，在不同的国家和地区，往往代表了不同的含义，这多半是由于世界各地民俗不同，这也就是鲜花代表的民俗含义。商务人士在选送鲜花的时候，特别是在跨地区、跨国家的人际交往中，不仅要懂得其情感上的含义，还要懂得民俗上的含义，这样送出的花才能够让对方满心欢喜地接受。鲜花的民俗含义主要通过鲜花的品种、色彩和数量而体现：

1. 品种

根据不同国家和地区的风俗习惯，同一品种的鲜花代表了各自不同的含义，如果不懂这方面的道理，送花的时候就难免触犯民俗忌讳。

例如，中国人喜爱黄菊，但是西方人就非常讨厌，唯恐避之不及，因为在西方，黄菊代表的是死亡，只有在举办丧葬仪式的时候才会用到。又如，中国人喜爱荷花，赞赏其“出淤泥而不染，濯清涟而不妖”的清高气质，然而到了日本，是不能用荷花来送人的，因为荷花在日本代表的也是死亡。

在我国的广东、海南及港澳地区，如果送人金桔或是桃花的话，对方会欣喜异常、笑逐颜开，但是如果以梅花、茉莉送人，对方就会心生不悦。因为那里的人们喜爱“讨口彩”，金桔有“吉”，桃花“红火”，所以人见人爱。然而，梅花、茉莉则音同“霉”“没利”，很多人不喜欢这两种花。

2. 色彩

鲜花之所以漂亮，主要就是因为它那姹紫嫣红、令人欲罢不能的色彩，但是在不同的民俗里，对于鲜花的色彩也有不同的理解。

例如，国内的人们对于红色的鲜花非常喜欢，因为红色代表喜庆，大吉大利，红红火火，新人结婚时或是开业庆典时，都爱赠送别人红色鲜花。但是，西方人在新人结婚的时候，则会送给新娘白色的鲜花，因为白色代表的是纯洁无瑕，将其送给新娘是再合适不过了。又如，国外的人们送花的时候多以多色鲜花相结合，很少会送人清一色的红花或黄花。因为在这些地区，纯红色的鲜花表示向对方求爱，而纯黄色的鲜花则暗示着决

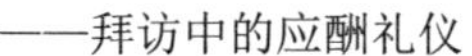

定与对方分手，以后各走各的路。

3. 数量

在不同的国家和地区，送花时花朵的数量也有着各自不同的含义。我国一般喜欢双数，因此，在喜庆活动中送花一定要送双数，表示“好事成双”。但是如果在丧葬仪式上，送花的时候则要送单数，以免“祸不单行”。而西方国家比较喜欢单数。如送1支鲜花代表“一见钟情”，送11枝鲜花则代表“一心一意”。但是西方国家非常忌讳“13”这个单数，送花的时候万不可送13朵。

有些数字，由于各地方言的不同，会发出不同的读音，在送花的时候也要注意这一点。例如，在日本、韩国、朝鲜，以及中国的广东、海南、香港、澳门、台湾地区，送“4”枝花给人，是要讨人嫌的，因为其发音与“死”相近，在他们看来，这是在咒他们死。

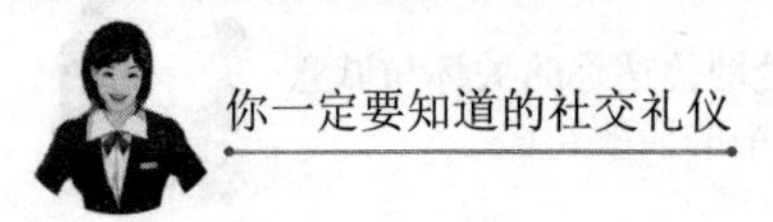

第十四章　抓住绅士与淑女的核心内容
——异性之间的应酬礼仪

商务人士总免不了要与异性打交道，而与异性打交道的时候尤其要注意自己的言行举止，因为异性与同性终归不同，有许多要避讳的话题和行为。能否在各种商务场合处理好自己与异性之间的关系，会影响到自己的人际关系，也会影响到职业前景。异性礼仪能够教导商务人士如何才能与异性良好相处，并获得其信任和好感，从而让自己的事业顺风顺水，扬帆前行。

人际交往中的性别问题

人类社会是由男性和女性共同组成的，不论是在社交生活还是商务往来之中，都不可避免地要与异性打交道。很多人与异性打交道的时候，内心总会不由自主地产生一些奇怪的想法，如情与性，仿佛与异性交往是一个禁忌，其实这种观念是非常不正确的。我们经常能够看到如下现象：在一个完全由男性组成的办公室里，如果有一天来了一位女同事的话，那么原本杂乱无章的办公环境会变得焕然一新，所有人心里不自主地产生某种积极的情绪，男士们原本不讲究的穿着也因为女同事的到来而大有改变，可以说，这就是“异性效应”的作用。可见，在与异性交往中，如果能够

好好地把握好“度”的问题，对于双方的工作是有益而无害的。

与异性交往时，双方均应把握好情感的界限，这是商务异性在交往时最为重要的一点。通常来说，交往的时候，既要诚恳大方、亲切体贴，又不能过火；既要自尊自爱，又不能冷漠清高；既要着意显露美与才能，又不能恃才傲物、哗众取宠。如果想与异性确立真诚的友谊，就不能一味地热情似火，而是应当冷热皆有，水火并用，这样才能够培养双方的友情；假如你想说服对方接受你的建议，就要给对方足够的信任感，让对方相信你，而不仅仅是依靠撒娇作态；如果你想获得异性的帮助，就应当让他们充分地理解你，同情你，同时还应当柔中带刚，这样才不会任由对方牵制。因此，能否正确地掌握好异性交往中的“度”，是人际交往成功与否的关键。

如果你是已婚商务女士，那么与异性交往的时候，应当注意以下几点：

（1）应当做到洁身自好，慎重交友，不要结交一些品行不端的朋友，以免对方对你有歪思邪念。为人应当自重，不要轻佻、虚荣，不要以玩弄他人的感情或以勾引异性为荣。不应被异性的甜言蜜语所迷惑，要保持内心清醒的判断，不要沉溺于物质享受。

（2）要热情大方，举止自然。既然是商务女士，就应当退去少女时代那种腼腆、羞涩的性格，换之以稳重、大方的仪态。既不要扭扭捏捏，过于腼腆，也不能过分亲昵，不知自重。在同异性交往的时候，不要开一些过分的玩笑，否则，可能你无意中说出的一句玩笑话，对方却当了真，正所谓“说者无心，听者有意”，从而造成尴尬的后果。

（3）要懂的友情和爱情的分别。能够掌握自己的感情，不能任由感情无所节制地发展下去，否则会让自己陷入进退维谷的境地。

（4）与异性交往的时候要注意时间和地点。做同样的事情，在不同的时间和地点进行，事情引发的最终后果往往是不同的，如白天和黑夜，大庭广众之下和荒山僻野等。如果不注意交往的时间和地点，即便自己行得正，走得端，没有做什么出格的事情，也容易招来他人的非议，到时候恐怕有口难言。

（5）要将自己的异性朋友热情地介绍给自己的丈夫，让他成为你们共同的朋友，万不可背着自己的丈夫同异性交往，越是如此，越容易引起丈夫的猜疑，如果因为友情而丧失了爱情，就得不偿失了。

总之，已婚的商务女性同异性朋友交往的时候，应当坚持如下原则：以普通朋友为限，决不可影响到家庭。从一开始交往，就要让对方知道自己是有家庭的，是有爱人的，这样就能杜绝对方的非分之想。另外，交往之中不能够有挑逗的言行，不要随便向异性诉说自己的家庭矛盾，以避免异性产生误解。

而已婚商务男性与商务女士交往的时候，同样要注意，行为不可过分亲昵，也不要过于冷漠，应当保持热情，而又要掌握好距离，最好的状态应当是“随心所欲不逾矩”，如果能够做到这一点，对双方都是有利的事情。

办公室异性相处礼仪

办公室有男士，也有女士，与异性长期在一处办公，时间长了，同事之间会有比较深入的了解，如果不能正确地把握两性之间的关系，不仅会给本人带来极大的麻烦，也会对公司造成不利的影响，因此，商务男女应当时时注意办公室的异性礼仪，只有掌握好与异性相处的礼仪，才能够在办公室里游刃有余，使整个氛围和谐而融洽。

1. 言谈注意分寸

不论商务男士还是女士，在办公室里要注意言谈上的分寸，因为这里是处理公务的场所，不是调情的地方。有些商务男士私下里可能会冒出一些粗话，有时候也会讲黄色笑话，但是这些最好不要在办公室里发生，特别是女同事在场时，否则女性会认为这是对她们的不尊重及人格上的侵犯。男性恭维女性的时候，也要适可而止，避免挑逗性，以免让对方产生性方面的错觉。

2. 妥善处理对方的玩笑话

随着男女同事相处时间加长，彼此之间会日渐熟悉，所以在紧张繁忙的工作之余，有一些男同事往往会和女性开一些玩笑，如说“我想你！”等之类的玩笑话。女性遇到这种情况的时候，要学会使用正确的手段妥善

处理，不要因为自己难以接受而向对方恶语相向。

春晓毕业之后进了一家报社，做了副刊编辑，刚参加工作没多久，她就和同事们协力策划了一些极具影响的专栏文章。由于工作进展顺利，办公室的氛围也特别好，大家嬉笑言谈，相处融洽。然而，令春晓难以接受的是同事们之间开玩笑的时候非常随便，让她有些接受不了。比如，紧张的工作之余，男同事会对女同事大献殷勤，像什么“我暗恋你好多年了，给我一次机会嘛！”等。每次听的她浑身鸡皮疙瘩。更让她难以接受的是，每天中午饭后，几个男女同事都会互相逗乐，刚开始，她也不好发作，只能干咳两声以示反抗，后来，实在无法忍受，她只好摔门而去。然而事后没多久，她就感觉男同事与她之间的关系发生了一些微妙的变化，在工作中，男同事们与她交流的时候再也没有了往日的热情，也不用正眼看她，虽然公务上进行的依旧顺利，但是以前的那种和谐与默契却烟消云散了。工作之余，大家言谈甚欢的时候，只要她一出现，便默不作声，她感觉到自己被隔离了，成了一个局外人，春晓感觉异常委屈，甚至不知道今后如何再与这些男同事相处。

其实，在工作中，同事之间开一些无伤大雅的玩笑并不能真正说明什么。像春晓那样，仅仅因为男同事的几句玩笑话就拒对方于千里之外，甚至闹到翻脸的程度，实在大可不必。与男同事相处的时候，不论他人开何种玩笑，只要没有调戏到自己，而自己又无力改变的话，大可不去理会，听之任之便可。如果执意要与对方斤斤计较，最终只会被大家孤立，而到头来也会影响整体工作的进展。相反，如果有男同事与你开这种玩笑的话，只需向他表明你的态度，相信对方就会知趣，不会再和你开类似的玩笑了。但需要注意的是，向对方表明自己态度的时候，不要太过生硬，应当委婉地告诉对方，让对方意识到自己的态度即可。

3. 穿着得体

在办公室，男女均要着装得体，按照商务惯例，所有商务男女都要着正

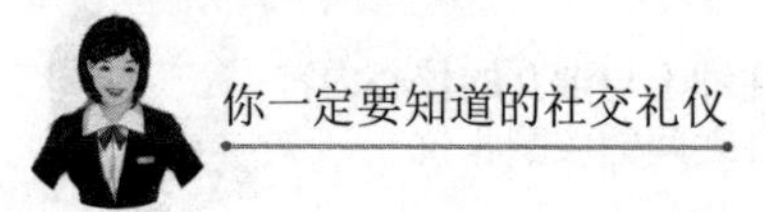

装上班。男性在办公室不得敞开衬衫，也不能穿短裤、凉鞋。女性更要注意自己的穿着，不能太过暴露和性感，不可以穿超短裙和太暴露的衣服。

4. 举止有度

在办公室里，如果你是男性，有女同事在场时，注意不能将松了的皮带再扣紧，或是当众将衬衣塞入裤子中，这是极不雅观的行为。而女性也要注意自己的举止。例如，不可随意触摸男性的手，不要在男性面前梳弄头发，不要用头发捶打男人的面颊等，有时候这些动作可能是无意的，但往往会被男性误解。

5. 掌握交往尺寸

既然是同事，就应当保持一定的距离，掌握好交往的尺寸，不能太过亲近。如果关系比较要好，可以多一些交流，但是最好不要讲有关自己私生活的话题。尤其是在婚姻上遇到难题的时候，不要过多地向异性同事倾诉，否则对方可能会觉得你有移情别恋的想法。同事将你当成是听众的时候，不妨多讲一些自己婚姻生活中美好幸福的事情，并且少涉及一些关于私生活的话题。即便是极为默契的异性同事，也应当分清楚工作与情感的关系，在工作上可以互相帮助，但是不要太过亲密，以至于无所顾忌。

宴请女性的礼仪要求

商务宴请的目的就是要拉近关系，促进合作，即便是初次相见的客户，也应当热情招待，突出彼此的亲近感，要多说“咱们”，这样可以消除对方的距离感，更显亲近。但是，如果你宴请的对象是女性的话，这个原则就有些不适用了，特别是男性做东宴请女性的时候，一定要注意自身的举止，不能有所逾越。不仅要杜绝暧昧的言谈，一些过于浅陋轻浮的举止也应当杜绝。西方社会里，尊重女性是体现男士绅士风范的一个重要方面，国内同样如此。在当今文明的社会中，男性与女性相处时，如果不注意对女性的礼貌，是无法受到欢迎的。

宴请女性的时候，除了要对她们保持足够的尊重之外，也要注意细节上的问题。女性点菜的时候，往往选择比较多，挑选的比较细致，而且会

反复询问，难以定夺，因此花费的时间比较长，在这一点上，作为男士应当特别体贴照顾，要帮助她们挑选。女性不愿意听到别人说自己不懂行，不了解食物，不会挑选食物，她们爱听恭维话。例如，当一位女顾客点好一道菜之后，如果在座的其他人或服务员顺带夸赞一句“您选的这种食物真好”或“你真有眼力”之类的话，女顾客听了之后，往往会心满意足。这种心理是女性强烈的自我意识与饮食消费中的自尊心导致的。

一般来说，男性与女性在点菜的时候有以下两个方面的不同：在需求上，男性更为看重数量，用餐讲究份量的多少；而女性更注重品质，不求多，但求精，而且女性对周围的环境比较敏感，也比较在意服务的细节。在口味上，女性一般喜欢清淡、不油腻的食物，如素食及新鲜的蔬果；而男性则偏爱富含蛋白质、脂肪及碳水化合物的食物。因此，宴请女性的时候，要注意以上两点，尽量照顾她们的饮食偏好。

由于男性的身体比女性更为强壮，力气也比女性大，动作比女性敏捷，所以关心、帮助女性，减轻女性的负担，是男人应当具备的风度。具体来说，男性在宴请女性时，应当做到如下几点：

（1）进出门的时候，男士应当主动为女士开门、关门，请女士在前，自己在后。

（2）在女士面前，不要随便吸烟，如果想要吸烟，可以去专门的吸烟区，或是先征询女性的意见，得到允许之后方可抽烟。

（3）女士在进门处脱掉外衣、外套时，男士应主动帮助女士将外衣、外套挂在衣帽架上。

（4）女士入席落座的时候，男士应当为女士挪动椅子，方便其入座。

（5）席间举止谈吐要风雅大方，不要谈论下流、低级的话题，同时举止要自然体贴，不能过于冷漠，置之不理，但也不能够随意挑逗对方，以免引起对方的反感，如果因此拂袖而去，对双方都不是好结果。

对女性照顾不周固然会引起对方的不满，但过于热情同样也会让人难堪。所以，同异性相处的时候，最重要的就是要掌握一个度，要做到温文尔雅，而不是热情似火，也不是冷若冰霜。

（6）在大型宴会发言或致辞时，按照国际惯例，开场白应为“女士们、先生们，大家好……”。

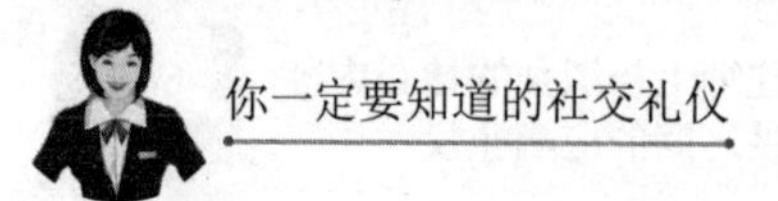

（7）结账是请客吃饭的最后一个环节，也是最为重要的一个。既然是宴请女性，那么男性自然就是主人，自然就要做东，所以男士一定要主动结账，不仅主动结账，连召唤侍者同样要由男士来做。

总之，宴请女士的时候，男士要能积极地想到各个方面，不能有所疏漏，否则就难以达到宴请的效果。

派对上邀请舞伴的五个要点

在举行派对时，往往会有跳舞这一环节，在邀请舞伴的时候，应当注意以下五点：

1. 男士邀请女士

邀请舞伴的时候一般都是男士主动邀请女士，男士可以走到女士身前，面带微笑，声音温和，双目注视着对方，稍微欠身，礼貌地问一句："我可以请你跳舞吗？"如果女士说"可以"，男士则可以试探性地伸出右手；如若女士并没有将手伸出来，男士可以顺势说一声"请"，然后请女士走在前面，让她选定一个地方，然后男士再带她跳舞。曲毕之后，男士应当将女士送回原来的座位，并向她表示感谢或称赞一下她的舞技。

2. 女士要委婉拒绝邀请者

如果有男士邀请，而女士不乐意与某位邀请者跳舞，或因不熟悉舞步而不想出丑，或确实想要休息一会儿的时候，可以找一些理由推脱，如"对不起，我觉得有些累，想坐一会儿。""谢谢，不过我的朋友正在找我，我只好失陪了。"面对男士邀请的时候，女士不要视而不见，置之不理，不论这是出于腼腆还是出于傲慢，都会令男士尴尬不已。女士在婉转地拒绝某一位男士的邀请之后，如果一曲未完，不要与其他男士共舞。

3. 女士礼貌挑选舞伴

有时候，两位男士可能会不约而同地邀请同一位女士，这个时候，男士最好不要互相谦让，那可能会令女士颇感不悦，较理想的做法应当是让女士自己选择舞伴，而有风度的女士会将下一支曲子保留给另一位男士。

4. 注意仪态

跳舞的时候，男士和女士都要时刻留心自己的仪态。在正式舞会上，跳完较为激烈的舞蹈之后，女士应当到化妆间将汗擦干，并及时补妆；而男士可以多带衬衫，以备不时之需。

5. 遵守舞场规则

一般情况下，跳舞时都应当由男士主动带领女士跳舞，女士应当密切配合。不论自己的舞步是否熟练，跳舞时在方向上都要与其他人保持一致。一般来说，都按逆时针方向绕行，切忌在舞场中间横冲直撞。

跳舞的时候如果不小心踩到了对方，应马上道歉说“对不起”。男士不要将舞伴搂得太紧或将舞伴的手握得太牢，这样会让舞伴感到不快，也容易引起他人的误会。而女士也应当学会放松，不要将全身的分量都压在舞伴身上。如果女士发现舞伴故意搂着自己，或某支舞曲循环播放，没完没了，让自己感到厌烦的话，女士可以礼貌地说一句：“对不起，我有些累，想要回到座位上休息会儿。”

派对是一项精彩的娱乐活动，在派对上跳舞，如果能够找到一个合适的舞伴，能够随着音乐翩翩起舞的话，就能由衷地感受到一种因和谐而生发的愉悦感。而娴熟的舞步、优雅的舞姿、得体的仪态则能帮助你结识一批新朋友，拓展你的人际关系，也会向大家呈现出一个有别于职场上的、多姿多彩的你。

女士与异性上司相处的礼仪

对于商务女士来讲，与异性上司的相处不是一门简单的学问，需要认真对待，但也并不是特别难的事情，只要能够做到以下几点，相信每位商务女士都能够得到异性上司的认同，并与他建立良好的人际关系。

1. 懂得自尊

自尊是指一个人要有基本的个人尊严。自尊就是要自食其力、保持人格上的独立，爱惜自己的名誉。人只有懂得尊重自己，才能够赢得别人的尊重。女性一旦失去了自尊，就会随波逐流，自我轻视，结果就是陷入痛苦的深渊。

2. 保持适度的亲近感

对于年轻的白领而言，在异性上司面前偶尔流露一些女人温柔可爱的一面，往往会比千言万语更为见效。女性这种天性的温柔与可爱的特点容易让上司生出怜悯之心，从而产生更多的宽容与呵护。但需要注意的是，一定要把握好度，万万不可超过男女正常关系的限度，否则可能会被一些不安分的领导视为亲近他的举动，而你也会给其他的同事留下一个轻佻淫荡的印象。

3. 恪守原则、不爱慕虚荣

虽然上下级之间是一种工作上的关系，但是这种关系又能够带来利益。因为上司是各种利益的集中者和分配者，他有权决定给谁分配多一点，给谁少一点，当然这种分配是在没有异议的前提下。因此，有一些爱慕虚荣的白领为了能够得到更多的利益、更大的权利，往往放弃自身的尊严，去讨好拉拢上司，虽然短期内可能会得到一些好处，但长久而言，必定对自己的职业及个人前途产生不利的影响。所以职场女性应当做到洁身自好，不要贪图安逸和享受，这样才能够抵抗住利益的诱惑，才能看清短期利益的陷阱，才能放眼长远，着眼未来。

4. 珍惜自己的名誉

一个人的名誉是无价的，一旦失去便难以寻回。对于女性而言，名誉尤为重要，因为整个社会对女性这方面的要求更高。很多女性就是因为不珍惜自己的名誉，而最终酿成了个人悲剧。名誉是一个人羞耻心的体现。要想体面地活着，就必须有羞耻心、有道德感，懂得维护自己的名誉，这样才能够获得别人的敬重。如果职场女性在与上司相处的过程中时刻注重自己的名誉，就能做到头脑冷静，不会僭越正常的上下级关系，违背自己的做人准则。

5. 避免轻佻的举动

通常来讲，轻佻的举动通常都有意无意地给对方以性的暗示或让人产生性方面的联想，这很容易使正常的上下级之间的关系变质，这种行为不仅有损于女性自身的尊严，也可能会使一些品行端正的上司感到厌恶。一些为人正直的上司为了保持自身清白，防止团队内部出现各种谣言，肯定

会疏远这样的下属。职业女性要明白一个道理：只会给上司增加麻烦，而不能为其排忧解难的下属是永远得不到上司的欢心的。

与外国女性交往的礼仪

与异性交往的时候，一个最基本的原则就是相互尊重，这在全世界都是如此。另外，男性与女性交往的时候，还要遵循一个原则，那就是“女士优先”，通常来说，“女士优先”的原则表现在以下几个方面：

乘车的时候，男士要主动为女士开车门，请女士先上车。上下电梯的时候，女士优先。

女士穿或脱外套的时候，男士要主动帮忙。外出时如果女士携带有沉重的物品，男士应当主动帮助女士。

握手时，如果女性不主动伸手，男士不可强行与其握手。这个时候，男性应当点头致意。如果握手，要注意握手的力道，不要太过用力，轻握即可。

女士在餐桌上就座时，男士要主动为其将椅子轻轻移开。

男士坐着谈话或就餐时，如果有女性进来，应当站起来致意。相反，如男性进入女性所在房间时，进门后要让门保持半开的状态。

当然，异性交往礼仪在不同的地方有着很大的差异，因此，有必要了解和掌握各个地方与异性交往的礼仪，以避免在社交活动中发生误解。如果不懂这方面的礼仪，那么就可能在与其他国家的异性进行交往时，因为某些言论或行为而伤害到对方，或令对方产生误解，这对于商务活动的展开都是不利的。下面我们介绍一些国家与异性交往的礼仪。

1. 英国

遵循“女士优先”的原则。英国男性的绅士风度在全世界都是出了名的，因而在英国，“女士优先”的原则是很正常的，这一原则来源于中世纪骑士风度，经常体现在行走、乘车、上电梯及进餐时。

2. 美国

同英国一样，遵循“女士优先”的原则。

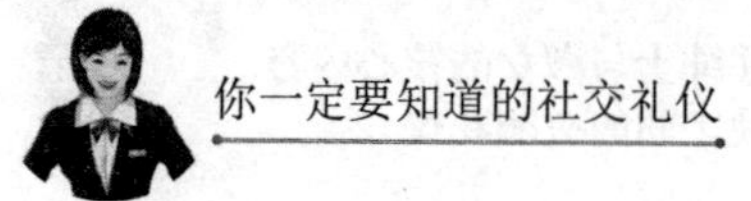

3. 法国

同样是“女士优先”的原则。在法国，出入门、上下电梯和车辆时，男性一定会照顾女性。握手的时候，只有女性主动伸手时，男性才能够与其握手。另外，在交谈的时候，法国男性也极其注意礼貌。

4. 德国

德国女性在工作上有着非常强的自尊心，是绝对不允许别人随意侵犯的。只要不是非要经过上司的允许，对于工作她们常常根据自己的判断来决定。与男士交往的时候，假如关系特别好，见面时会彼此亲密拥抱，但是如果双方仅是握手致意的话，德国女性反倒会认为你是一个冷漠的人。

5. 意大利

男士具有绅士风度。意大利有一个不容触犯的原则，就是严禁对异性有粗野的言行。像意大利男性那样在女性面前有绅士派头在世界上少见。

6. 西班牙、葡萄牙

如果有女性亲吻你，不要惊慌。在西班牙、葡萄牙，女性是非常热情的，也极为体贴和温柔，只要你以礼相待，就能够相处融洽。充满乐趣的言谈及热情的招待能够获得她们的好感。在西班牙，异性之间交往的礼节是女性亲吻男性的双颊，所以与西班牙女性交往的时候，这种礼节是正常的，不必因此而惊慌失措，也不要以为这是对你投怀送抱的表现。

7. 荷兰

荷兰男性对女性照顾得可以说无微不至。男性开车送女性，下车时，男性应当先下车，主动为女性开车门。握手时，要等女性先伸出手，男性才能够轻握对方的手。进入大厅或在大门口，男性主动帮助女性脱大衣和围巾。用餐时，如果坐在旁边的女性入座或起身时，男性主动为女性挪开椅子。如果女性掉落东西，男性应主动帮她拾起来。如果女性是老人的话，男性更要加倍礼貌、恭敬地对待。

8. 瑞典

男女关系开放平等。在瑞典，男女讲究平等开放的关系，并没有“女士优先”的原则，并且一些女权主义者对“女士优先”嗤之以鼻。

9. 日本

日本女性较保守，礼仪繁多。日本的传统观念影响深远，日本女性

的地位比较低，“男尊女卑”的思想仍旧根深蒂固。近年来，日本虽然受到了欧美思想的影响，女性结婚的年龄推迟不少，职业女性的数目逐渐增加，但是一般来说，大部分女性结婚生子后的主要任务就是料理家务。她们在礼仪上还是相对保守的，所以同日本女性来往的时候，不管是工作上的交往还是私人交往，都要严格遵守礼仪，见面时，男性不能主动握手，不能询问对方的年龄及私事，而是应当双方互相问候。日本女性有非常多的客套话，如果彼此之间并不是特别熟悉，一般情况下都会使用敬语。

10. 韩国

韩国的女性在婚前地位很低，一般只有在成为妻子和母亲之后才能够得到社会的承认。因此，有些中国女性到韩国之后常被韩国人问“你结婚了吗”，这并不是不礼貌的话，而是其习俗。在韩国，如果女性的年龄大于男性，男性就需处处表现敬意。同日本一样，韩国职业女性极少，即便学历很高的女性也难以找到工作。韩国女性一般都会尽早嫁人，进入家庭，做一名家庭主妇，这就是她们结婚主义的思想。

11. 泰国

与异性交往要避免引起误解。泰国的异性礼仪与世界通用礼仪大致相同，不过也有些许不同之处，如男性邀请女性共进晚餐时，那么双方不论是工作关系还是亲密关系，只要男性提出邀请，女性都会接受。

12. 土耳其

不能随意赞美他人的妻子。女性在土耳其非常受尊重，甚至可以说土耳其是女性社会。出席酒会和宴会时常夫妇同行，在大城市赞美对方的夫人是自然的，但是在别的地方赞美对方的妻子将会被误解，引来不必要的麻烦。

13. 埃及

与埃及女性接触，可采用欧美式的“女士优先”的礼仪方式，但在通婚问题上，外国人一旦与穆斯林女性结为连理的话，就必须要改信伊斯兰教。

14. 俄罗斯

俄国人非常尊重和照顾女性。在纪念日、生日或妇女节一定向女性赠送鲜花。如果夫妇同到餐厅进餐，丈夫会向夫人及同桌男性的女友赠送鲜花，上下车都要礼让女士，进出大厅或餐厅时，男性会主动帮助女性穿上或者脱掉大衣。

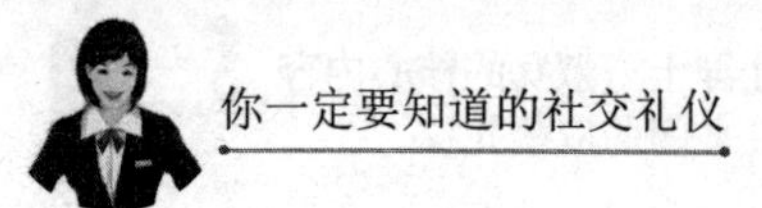

参考文献

[1] 夏志强.礼仪常识全知道[M].北京：华文出版社，2010.

[2] 杨果果.二十几岁要懂的应酬礼仪[M].北京：经济管理出版社，2012.

[3] 肖文键.别说你懂交际学[M].北京：中国华侨出版社，2012.